谨以此书献给我的母亲

视听产品
法律保护模式研究

Research on Legal Protection Mode of Audiovisual Products

贺 涛◎著

中国广播影视出版社

图书在版编目（CIP）数据

视听产品法律保护模式研究 / 贺涛著. -- 北京 : 中国广播影视出版社, 2022.6
ISBN 978-7-5043-8865-0

Ⅰ. ①视… Ⅱ. ①贺… Ⅲ. ①视听资料－著作权－法律保护－研究－中国 Ⅳ. ①D923.414

中国版本图书馆CIP数据核字(2022)第105031号

视听产品法律保护模式研究
贺涛 著

责任编辑 黄月蛟
封面设计 郑来强

出版发行 中国广播影视出版社
电　　话 010-86093580　010-86093583
社　　址 北京市西城区真武庙二条9号
邮　　编 100045
网　　址 www. crtp. com. cn
电子邮箱 crtp8@ sina. com

经　　销 全国各地新华书店
印　　刷 北京鲁汇荣彩印刷有限公司

开　　本 880 毫米×1230 毫米　1/32
字　　数 154（千）字
印　　张 7.5
版　　次 2022 年 6 月第 1 版　　2022 年 6 月第 1 次印刷

书　　号 ISBN 978－7－5043－8865－0
定　　价 50.00 元

序

2009年夏我从人大硕士毕业，时值《国家知识产权战略纲要》颁布不久，国家广播电影电视总局在法规司新设知识产权处，机缘巧合我就到了这里，从此就一直关注和思考影视行业的知识产权问题。刚入职，就参与到行政法规《广播电台电视台播放录音制品支付报酬暂行办法》的制定工作中，切实感受到权利人和使用方围绕音乐作品授权、使用和付费产生的利益分歧。紧接着，参与起草《广播影视知识产权战略实施意见》，让我得以从国家战略全局和行业发展实际出发定位和谋划广播影视知识产权工作。之后，2011年7月，《著作权法》第三次修订工作正式启动，在参与立法协调过程中，视听作品范畴及其与录像制品关系一直都是争论的核心焦点问题。在历次的法律草案文本中，视听作品的概念及分类几经修改，录像制品也经历了“先去后留”的过程，足见相关理论研究的欠缺及立法博弈的激烈程度，这也激发了我对视听作品相关问题的浓厚兴趣。2012年6月，中国政府承办了世界知识产权组织保护音像表演外交会议。外交会议通过了《视听表演北京条约》，这是知识产权领域第一个以中国城市命名的国际条约，表明中国保护知识产权的成就得到国际社会的认可，这更加坚定了我研究视听作品的信心。

2014年，我有幸跟随我国知名知识产权专家吴汉东教授在职攻读博士学位，深入研习和思考知识产权问题。吴老师鼓励和支持我结合工作实际确定研究方向，并最终将视听作品相关问题作为自己的博士论文选题。2016 年夏，在完成博士阶段系统理论学习和论文开题后，我受国家留学基金委资助以公派访问学者身份到德国马普创新和竞争研究所开展为期一年的访问研究，得以专注于视听产品法律保护模式问题的研究，并基本完成了博士论文写作。在文中，笔者从历史、比较和法理三个维度对视听产品法律保护模式进行了分析梳理，并从我国视听产业发展的实际出发，探讨视听产品法律保护的理论、立法和实践问题，对我国《著作权法》修法、司法实践和理论研究中出现的扩大视听作品适用范围、取消录像制品的错误观点和做法进行了批判，提出应区分不同类型视听产品分别适用不同的法律保护模式，即狭义著作权保护模式、邻接权保护模式和反不正当竞争法保护模式。为此，笔者构建了一个由“反不正当竞争—录像制品—视听作品”构成的视听产品法律保护的金字塔结构，使视听产品法律保护的理论和制度面向我国视听产业实践保持适当的开放性和包容性，也避免因理论和制度供给不足而导致的著作权法范围扩张，实现私权保护和产业促进的双重目标。

本书是在我博士论文基础上修改而成的，本次出版前根据 2020 年《著作权法》和有关司法案例的最新判决结果对全书内容进行了全面修订，并根据视听产业实践发展增补了有关章节内容。本书能够完成和出版，首先要感谢我的导师吴汉东教授，感谢吴老师给我读博深造的机会，老师虽已退休，但仍活跃在学术前沿，笔耕不辍，老师的学问和为人都是弟子们学习的榜样。感谢“二导”姚辉教授，有了他的帮助和提点，我才顺利完成在人大的博士学业。感谢中国人民大学法学院和中南财经政法大学知识产权研究中心诸位教授的言传身教。感谢华东政法大学王迁教授、中央广播电视总台法务版权部严波副主任、国知局保护协调司刘洋处长、中国知识产权研究会李芬莲博士等在我读博和写作过程中给予我的无私帮助。感谢熊琦师兄和锁福涛、徐小奔、刘智鹏、张继文、石一峰等同门好友。

本书内容主要是在德国马普创新和竞争研究所访问期间完成的。感谢我的合作导师莱温斯基（Silke von Lewinski）教授，与她的讨论让我受益匪浅，她的指导和著作对本书写作至关重要。感谢迪茨（Adolf Dietz）教授和赫尔提（Reto M. Hilty）教授，在2016年9月总局代表团来访时给予的热情接待和专业咨询意见。感谢在马普所访问的华中科技大学的郑友德教授、南京大学的方小敏教授、清华大学的蒋舸副教授，尤其是在郑老师的慕尼黑寓所大家共度的中秋夜晚，令我终生难忘。感谢马普所和慕尼黑大学的李陶、魏立舟、田伟、王杰、张文韬、刘迪、王文敏等众好友，陪伴我在慕尼黑度过了一段难忘的时光，特别要感谢李陶博士，本书从框架结构的确定到具体章节的写作，再到初稿审校等都得到李陶博士莫大的帮助。

还要重点感谢广电总局发展研究中心祝燕南主任，他总是无条件地支持和鼓励我去追逐自己的梦想，成就“美丽人生”，也会在必要的时候提醒我要“纵马持缰”。对我而言，他既是一位以身作则、有担当有作为的好领导，更是一个热心正直的好老哥。感谢广电总局政策法规司刘俐司长，我们一起经历了知识产权处从初建到发展的过程，一起外出调研写报告，一起加班熬夜赶稿子，一起挨批（IP）。2016 年我在德国马普所访学期间，时任办公厅副主任的他率领中国代表团到马普所访问并看望我，让初到异国他乡的我感受到家的温暖。感谢政策法规司和发展研究中心曾经的和现在的领导和同事们，为我营造了温馨的工作生活环境。

最后，感谢父亲和岳父岳母对我们小家的照顾，感谢妻子小辞对这个家的辛苦付出，感谢可爱的儿子和即将出生的宝贝女儿，带给我无尽的快乐和幸福，爸爸永远爱你们。

本书有关章节内容改编后曾在《知识产权》《出版发行研究》《编辑之友》等核心期刊发表。之所以决定出版，是因为笔者认为书中有关视听作品著作权立法的历史考察、比较研究和法理分析，以及多元化视听产品法律保护模式所体现的理念和方法，仍对国内有关理论研究和法律实践有所裨益。真心希望本书能为视听作品相关的著作权理论研究和法律实践提供一些有益的参考和帮助。由于水平所限，加之时间仓促，错漏之处在所难免，恳请广大读者批评指正。

贺　涛

2022 年 6 月 28 日

目 录

导　论

"法律必须是稳定的，但不可一成不变。"

——罗斯科·庞德

著作权发展史就是一部著作权扩张的历史，著作权保护客体范围经历从书籍、地图到音乐作品、戏剧作品、摄影作品，再到电影、电视、录像等视听作品的不断拓展的过程，覆盖了因技术发展而产生的新的文学和艺术作品类型。就人类的传播技术和媒介发展演变来看，经历从"铅与火"到"光与电"，再到"数与网"的发展变革，电影诞生于"光与电"的时代，是第二次工业革命后逐渐发展起来的一种艺术形式。著作权法中的视听作品概念是以电影为模型构建的，尤其是我国 2001 年《著作权法》[①] 中的"电影作品和以类似摄制电影的方法创作的作品"概念，直接借鉴和翻译了《伯尔尼公约》的表述，对"摄制"这一创作手段进行了规定。[②] 如今人类已经进入了

---

① 我国《著作权法》是 1990 年 9 月制定的，当时规定了"电影、电视、录像作品"这一作品类型。2001 年第一次修正《著作权法》时将"电影、电视、录像作品"修改为"电影作品和以类似摄制电影的方法创作的作品"，2010 年第二次修正时予以保留，2020 年第三次修正时改为"视听作品"。为行文方便，以下将不同时期的《著作权法》分别简称为：1990 年《著作权法》、2001 年《著作权法》、2010 年《著作权法》、2020 年《著作权法》。

② 根据我国《著作权法实施条例》第 4 条第 11 项的规定，电影作品和以类似摄制电影的方法创作的作品，是指摄制在一定介质上，由一系列有伴音或者无伴音的画面组成，并且借助适当装置放映或者以其他方式传播的作品。

“数与网”的媒介时代，基于电脑、智能手机和便携移动设备，产生了无数以视听形态呈现出来的视听产品，可大致概括为三类：一是创作类的，如用电脑制作的动画片、Flash 等；二是记录类的，如普通个人用智能手机拍摄的家庭聚会、旅游观光等视频；三是附随产生的，如基于游戏玩家的操作而呈现出的视频游戏画面等。这三类视听产品在一定程度上都不同于传统的电影，有的也不是基于“摄制”而产生的，它们处于临界和边缘区域，这也使得“电影作品和以类似摄制电影的方法创作的作品”法律概念和规则的适用发生困难。如何解决这一问题，成为立法、司法和理论研究不得不面对的难题。

法律概念选择和解释的背后实际上隐含着法律的价值和正当性判断。著作权本质上属于私权，关于著作权的正当性问题存在着两派立场：一派是著作权乐观派，主张著作权之正当性根基在于自然正义，① 因此作者或著作权人应当有权控制因技术发展产生的新的产品类型以及新的使用方式。如果用水杯比喻的话，乐观派倾向于将著作权的水杯看作“半满”状态，并等待着水杯不断加满。与之相对，另一派是著作权悲观派，以实用主义为哲学根基，倾向于将著作权的水杯看作“半空”的，他们同意法律赋予作者或著作权人一定限度的私人权利，以实现著作权之激励创作的目的，但同时强调权利范围只应及于激励创作所必需的程度，否则就会侵占公众的言论及表达自由。②

---

① 无论是人格价值论还是劳动财产论，本质上都是一种基于自然正义的论证思路和理论学说。

② 保罗·戈斯汀：《著作权之道：从古登堡到数字点播机》，金海军译，北京大学出版社，2008，第 11 页。

整体而言，乐观派倾向于保护作者和权利人（生产商）的私人权利，而悲观派更为关注作为普通使用者（并非商业使用者）的公众利益。具体到本文研究的视听产品法律保护模式问题，著作权乐观派倾向于扩大视听作品的概念范围，以涵盖新型视听产品。而著作权悲观派则对视听作品适用范围的扩张持谨慎态度，将知识产权作为一项政策工具，保护或不保护、以何种强度予以保护某类视听产品，都以实现激励创作和促进产业发展为目标。

关于如何保护产生于边缘区域的新型视听产品，不同法律体系有着不同的解决方案。简言之，以英国、美国为代表的版权体系，因为对作品独创性标准定得比较低，类似边缘区域的视听产品大都被纳入视听作品范畴进行保护。相反，德国、法国等作者权体系对作品的独创性要求相对较高，且认为作品是作者人格的体现，因此在狭义著作权之外，另外设计了邻接权制度，对与作品创作有关，但又不满足独创性标准的劳动成果进行相应保护。整体而言，邻接权的保护强度和水平普遍低于狭义著作权。此外，两大体系都对尚未固定为著作权客体类型的无形财产权益，如作品标题、节目版式等适用反不正当竞争法，从维护公平竞争，防止非法盗用（misappropriation）和“搭便车”的角度进行行为规制。各国之所以采取不同的解决方案，既有法律制度传统的因素，也与其产业发展需求密不可分。对此，英国知识产权委员会在其《知识产权与发展政策相结合》的总结报告中特别强调：最好将知识产权视为一种手段，而国家和社会通过这种手段促进经济和社会目标的实现。①

① 英国知识产权委员会：《知识产权与发展政策相结合（总结报告）》，伦敦，2002。

因此，当我国面临对新兴的或处于边缘区域的视听产品提供保护时，也应该面向历史经验、理论传统和产业诉求寻求答案，在参考他国处理方案的同时，确定我国的问题解决之道。

正是为了回应实践发展需要，2011年7月国家版权局正式启动《著作权法》第三次修订工作，并于2012年3月公布了《著作权法》(修改草案)，向社会公开征求意见。其中，关于视听作品的修改，草案作了如下说明：将“电影作品和以类似摄制电影的方法创作的作品”修改为国际社会普遍采用的“视听作品”，相应的在相关权（即邻接权）部分取消“录像制品”有关规定，主要因为视听作品的表述更加简洁，单独设立一类录像制品并将其作为相关权的客体的立法例在国际上并不普遍，在多数情况下，录像制品皆可以作为“视听作品”进行保护。① 这一立法方案在随后的《著作权法》(修改草案）第二稿、第三稿，以及2014年6月国家版权局报请国务院审议的《著作权法》(修订草案送审稿）中予以延续。② 对此，学者们多是看到了其进步之处，即草案取消了关于“摄制”的限制性规定，容纳了基于电脑成像技术所形成的视听产品，如Flash、动画片等，但少有人反思其不当之处。笔者认为，草案有关视听作品的立法方案最大的问题在于取消“录像制品”的规定，片面扩大视听作品的概念范围，将原本属于录像制品范畴的视听产品纳入视听作品范围，予以过高

① 参见2012年3月31日国家版权局《关于〈中华人民共和国著作权法〉(修改草案）公开征求意见的通知》，http://www.ncac.gov.cn/chinacopyright/contents/483/17745.html。

② 参见中华人民共和国著作权法（修订草案送审稿）征求意见，http://www.gov.cn/xinwen/2014-06/10/content_2697701.htm。

保护。

因部分条款争议较大，之后著作权法草案未再向社会公开征求意见，但修法工作仍按法定程序继续推进。时隔六年后，《著作权法》草案再次浮出水面。2020 年 4 月 30 日，全国人大常委会法制工作委员会公布《中华人民共和国著作权法修正案（草案)》，向社会公开征求意见。根据草案说明，为了适应新技术高速发展和应用对著作权立法提出的新要求，解决现行著作权法部分规定难以涵盖新事物、无法适应新形势等问题，草案将“电影作品和以类似摄制电影的方法创作的作品”修改为“视听作品”，同时也恢复了之前草案删除的“录像制品”的规定，采用视听作品与录像制品的二分立法模式。2020 年 8 月 17 日全国人大法工委公布的《著作权法修正案(草案二次审议稿)》，以及 2020 年 11 月 11 日全国人大常委会审议通过的《关于修改〈中华人民共和国著作权法〉的决定》，都采用视听作品与录像制品的二分立法模式。① 著作权法草案关于视听作品的规定，尤其是录像制品的“先去后留”，反映出我国理论研究和立法实践中对视听作品的著作权立法仍有较大分歧，关于视听产品的法律保护模式选择仍有不同意见，都有待理论研究的进一步跟进。

在本书中，视听产品是一个经验事实层面的描述性概念。

---

① 参见《中华人民共和国著作权法修正案（草案)》第 2 条和修改前后对照表第三章第三节的内容，https：//www. sohu. com/a/392243430_ 667504；《中华人民共和国著作权法修正案（草案二次审议稿)》第 2、7、10、11、15、24、27 –30 条的规定，https：//www. sohu. com/a/413579668_ 221481；全国人民代表大会常务委员会关于修改《中华人民共和国著作权法》的决定，http://www. gov. cn/xinwen/2020 –11/11/content_ 5560583. htm。

按照国家统计局公布的《文化及相关产业分类（2018）》有关我国文化产业和文化产品的分类，视听产品（视听文化产品）是大的文化产品之下的一个种类，视听产品与新闻出版产品、文化演艺产品、休闲娱乐产品等共同构成文化产品。① 关于视听产品，笔者将其分为以下类别：（1）电影、电视剧、动画片等戏剧类（dramatic）视听产品；（2）实况录像（realistic sequence of images）以及由实况录像的剪接所形成的非戏剧类（non－dramatic）视听产品，即纪实类视听产品；（3）视频游戏（video games）画面等基于玩家操作（player interactivity）所形成的视听产品。视听作品则是一个法律层面的规范性概念。视听作品与文字作品、音乐作品、美术作品和摄影作品等一样，都是著作权法规定的一类独立的作品类型。根据2014年6月《著作权法》（修订草案送审稿）第5条第2款第12项的规定，视听作品是指由一系列有伴音或者无伴音的连续画面组成，并且能够借助技术设备被感知的作品，包括电影、电视剧以及类似制作电影的方法创作的作品。在我国，视听作品是狭义著作权的客体，与之相对，录像制品则是邻接权的客体。

视听产品有两种不同法律保护模式，即客体导向的著作权法模式和行为导向的反不正当竞争法模式。著作权法通过对文学艺术产品进行类型化，然后抽象概括为不同的客体类型，并赋予权利人权利的方式进行保护。本质上，研究视听产品法律保护模式问题，就是要确定视听作品的概念外延，及其与录像

---

① 参见国家统计局《文化及相关产业分类（2018）》关于我国文化产业和文化产品的分类，http://www.stats.gov.cn/tjsj/tjbz/201805/t20180509_1598314.html。

制品这一邻接权客体之间的关系，进而明确著作权法（狭义著作权和邻接权）的适用边界。与著作权法的保护模式不同，反不正当竞争法则是侧重从行为规制的角度，对著作权法保护范围之外的处于边缘区域的新型视听产品进行保护，如人工智能生成的视听产品、网络游戏动态画面等。对中国这个新兴的视听产业创新最为活跃的市场而言，边缘区域使得视听产品的版权保护能够面向产业发展实践保持一定程度的开放性，从而成为新的客体类型的“孵化器”和“恒温箱”，为新客体、新权利的形成预留出必要的制度空间。其优势在于：一方面能够避免将正在形成中的新的权利“客体”和“法益”类型挡在制度之外，为其提供适度的保护；另一方面又能避免“过度”保护私权可能给产业发展、使用者利益及公有领域空间造成的不利影响。

第一章 视听产品法律保护模式的历史考察

从历史发展角度考察，经济社会的变革、科学技术的进步以及大众文化的发展，推动着视听产品法律保护模式的历史变迁。整个视听产业发端于电影，而电影又脱胎于摄影，并从最初的杂耍技艺发展成为独立的“第七艺术”，电影产业也从开始的游乐场生意变成全球性的电影工业，视听产品的类型亦从荧幕电影拓展到屏幕电视、磁盘录像及数字视频，视听产业的发展和变革促使有关视听产品法律保护模式不断发展演变。通过考察视听产品法律保护的历史可以看到，著作权法是保护视听产品的首要法律，同时著作权法律保护模式呈现出三条历史发展线索：（1）从历史发展路径来看，著作权法对视听产品的保护经历了从在戏剧作品和摄影作品名下的间接保护，到作为单独客体的直接保护的历史变化；（2）从保护方式来看，针对不同视听产品类型进行分类保护是各国立法体现出的一条历史经验；（3）从制度发展的动力机制分析，视听产品法律保护制度的发展呈现出从国际保护到国内立法的特征，并逐步走向国际和区域一体化的发展趋势。

一、保护方式之转变：从间接保护到直接保护

1866 年德国人西门子发明了发电机之后，电话、留声机相继于 1876 年和 1877 年被发明出来，活动摄影术以及早期电

影也在之前摄影机、胶片等发展的基础上逐步诞生。[①] 1891年，爱迪生发明了活动电影摄影机和活动电影放映机观影箱，之后法国里昂的卢米埃尔兄弟发明了集摄影、洗片、放映功能于一体的活动电影机，并于1895年12月28日，在巴黎卡普西拉大街上“大咖啡馆”里举行了人类历史上最著名的一次电影商业放映活动。之后，电影迅速在世界范围内扩散，仅在1896年，比利时、西班牙、俄罗斯、印度、巴西、澳大利亚、中国、墨西哥、埃及等国家相继举行了电影放映活动。通过分析视听作品百年司法实践和立法保护的历史，我们能够清晰地看出，视听产品的法律保护也经历了一个从间接保护到独立保护的历史发展路径。

（一）间接保护时期

1. 早期的司法保护实践

十九世纪，视觉形式的大众流行文化兴起，幻灯片、插画小说和摄影集实现规模化生产，马戏团演出、游乐场和杂耍剧院则提供了另一种广受欢迎的大众娱乐方式。作为一种新媒介，电影从诞生之初就很快融入这一大众娱乐的谱系。早期的电影多数是单镜头影片，以实况记录居多，大部分都是非虚构的，以景观片（scenics）和简单记录时事新闻事件的所谓时事片（topicals）为主，同时故事片（fiction films）也是一种重要类型，著名的大咖啡馆放映活动中放映了卢米埃尔兄弟的《水浇园丁》影片，讲的是一个男孩踩住水管戏弄园丁的故

① 大卫·波德维尔、克里斯汀·汤普森：《世界电影史》（第二版），范倍译，北京大学出版社，2014，第22—24页。

事，像类似的简单玩笑成为早期故事片的雏形。早期电影放映都是行商带着放映设备去游乐场、杂耍剧院、啤酒馆等进行放映，电影观众通常都是不太富裕、文化程度不高的城里人。① 在美国，1905 年之后，电影工业趋于稳定，镍币影院（门票通常是一个五分钱镍币）在美国迅速兴起，并在 1908 年成为最主要的固定放映形式，商业电影制作逐渐转向讲故事，电影制作者开始尝试运用交叉剪辑、机位移动、纵深调度、布景照明等增强叙事的清晰度。② 此时，来自南欧和东欧的大批移民涌向美国东海岸，这些不讲英语的新移民构成规模庞大的美国默片观众群体。

电影诞生之初，人们都只是认为电影不过是一种机械性设计，不具有可版权性，不是版权法所保护的作品，因此立法并未对电影进行规定。但随着电影的发展及经济效益显现，司法实践中开始探索以影像序列或戏剧性作品的方式对电影进行间接保护。最早的电影司法保护实践发生在电影发展水平较高的美国和法国。在美国，爱迪生曾雇人拍摄了一段德国威廉皇帝的 METEOR 号游船下水的电影，一位竞争对手未经允许擅自对电影进行了部分复制，爱迪生提起了诉讼。然而，初审法院的判决对爱迪生不利，原因是版权法保护客体并未明确包括电影。1903 年，上诉法院撤销了初审法院的判决，认为国会当初将照片纳入版权法保护范围时，必然考虑到了将

---

① 让－皮埃尔·让科拉：《法国电影简史》（第二版），巫明明译，中国电影出版社，2014，第 7—15 页。

② 大卫·波德维尔、克里斯汀·汤普森：《世界电影史》（第二版），范倍译，北京大学出版社，2014，第 47—53 页。

来的电影。[①] 在法国，最早的电影保护案例是1905年的Doyen v. Parnaland案，外科医生Doyen请了两个摄影师把他所做的部分外科手术过程拍下来，以供教学科研使用。之后，其中一个摄影师Parnalad未经Doyen医生允许，利用擅自留存的底片制作影片进行出售，并在展览会上予以展出。法国巴黎塞纳初审特别法院认为影片是由相关照片序列构成的，Doyen应作为影片作者享有1793年法律授予的复制权，因为他对影片的拍摄进行了详细的指导。因此，法院判决没收Parnaland复制的影片，并由其向Doyen医生支付一定赔偿金。[②]

2. 立法上的间接保护

整体来看，这一时期电影逐渐从小小的游乐场生意发展成为一种全球工业，电影最初被视为呈现简单活动景观的新奇玩意，后来叙事影片和故事片发展成为最主要的电影类型。这一时期，电视也诞生并逐渐发展起来。此时，在司法实践探索基础上，国际公约及各国著作权法开始在戏剧作品和摄影作品名目下对电影实施间接保护，电影作品从而正式进入著作权法的立法视野。

(1) 艺术电影的发展

1908年初，法国商人保罗·拉菲特在几位国家戏剧院演员和艺术院院士的协助下，建立了艺术影片公司，目标是制作

① 保罗·戈斯汀：《著作权之道：从古登堡到数字点播机》，金海军译，北京大学出版社，2008，第51页。

② Doyen v. Parnaland, Trib. civ. Seine, Feb. 10, 1905, D. 1905. II. 389, Cited from Wagner, Wencelas J. (1970) "The Right To One's Own Likeness in French Law," Indiana Law Journal: Vol. 46: Iss. 1, Article 1. Available at: http://www.repository.law.indiana.edu/ilj/vol46/iss1/1.

适合高等文化水平观众欣赏的影片。艺术电影公司的主要历史贡献在于，将电影的受众向上拓展到上流社会群体，电影逐渐受到尊重，这也为电影发展成为独立的“第七艺术”奠定了基础。1911 年，意大利电影先驱、著名诗人李乔托·卡努杜发表“第七艺术宣言”，宣称电影是继音乐、绘画、诗歌、舞蹈、雕塑、建筑之后发展起来的新的艺术门类，在艺术发展史上首次将电影作为一种独立的艺术形式，而不仅仅是一种不入流的杂耍技艺。① 在艺术电影发展的同时，从 20 世纪 20 年代开始，德国、日本、苏联、美国、英国的先行者开始在世界各地独立进行各自的“电视”图像传输演示。跟早期的电影相似，电视开始也是以政治性、社会性事件和体育运动作为素材，如国王加冕典礼、音乐会演出、政治演讲和赛马等。这些内容本身有着十足吸引力，电视除了简单记录外，并不对素材做任何编辑处理。同时，早期电视节目也吸收了其他媒体的节目样式，如杂耍节目、戏剧以及来自好莱坞的电影。当时电视机比较昂贵，因此社会普及度不高，只有少数富有观众。②

（2）电影和电视进入著作权立法

艺术电影的发展使得电影成为一门真正意义上的艺术形式，从而也促使了将原先适用于其他艺术作品上的版权保护规则，扩展适用于电影领域。尤其是 1908 年《伯尔尼公约》柏林文本为电影作品确立了双重保护机制，即作为系列摄影作品

① 让-皮埃尔·让科拉：《法国电影简史》（第二版），巫明明译，中国电影出版社，2014。

② 有关电视发展史可参见麦克奎恩：《理解电视》第三章，苗棣、赵长军、李黎丹译，华夏出版社，2003。

以及电影化的戏剧作品进行保护，这为各国立法解决电影作品的保护问题提供了参照。

英国在1911年《艺术版权法案》之前，社会普遍认为既然摄影作品能够获得版权保护，那么电影也能够以系列照片形式获得保护。之后1911年英国版权法案在第35条戏剧性作品名目下对电影作品的保护作出了规定，该条第1款规定任何电影产品只要其排列方式或表演方式以及事件表现方式的组合赋予作品原创的特点。这一定义的特殊性在于，该条保护的并不是电影胶片、电影的记录载体，而是以电影摄像机呈现的戏剧性作品，即电影作品。就概念本身而言，这一作品既可是剧本，也可以是呈现在胶片上的最终的电影作品。除了将电影作品作为戏剧性作品进行保护之外，1911年法案第35条关于摄影作品的规定，包含了平面印刷照片以及任何通过类似摄影方式制作的作品。根据这一定义，电影作品或说电影画面可以在摄影作品的名目下获得保护。一般而言，如果一部电影达不到版权法对戏剧性作品的独创性要求，则可以在照片序列名目下获得保护。

在法国，自《1791年表演权法》和《1793年复制权法》后，法律历经了五次修改，在许多方面进行了改进，如赋予作者配偶对作品的用益权、明确作品无论艺术价值和用途如何均受著作权保护、艺术品原件转让不影响著作权归属、创设追续权、取消法定缴样作为保护前提等，但未涉及电影作品的保护问题。① 有关电影作品保护的法律规则，主要依靠判例法予以发展和完善。

---

① 《十二国著作权法》，《十二国著作权法》翻译组译，清华大学出版社，2011，第51、52页。

因为在这两个法案中，没有关于照片的规定，法官在具体案件审判中是比照美术绘画及雕版画的方法保护照片的。正因为当时法国的著作权法中没有可供参照的有关照片的规定，所以当面临电影保护这一问题时，法院也有更多自由能够将电影作为独立的特殊客体进行保护，而不会像英国和德国那样，经常会为以摄影作品方式还是戏剧性作品的方式保护电影而左右为难。

在德国，1901 年《文学作品著作权法案》不涉及电影著作权问题，主要的法律学者认为改编或将文学戏剧作品拍摄成电影会侵犯文学戏剧作品的著作权，但电影本身不应受著作权保护。1907 年《艺术作品版权法》对摄影作品著作权保护进行了规定，废除了之前法案关于登记手续的规定，将保护期限从 5 年延长到 10 年。1901 年和 1907 年两个法案都没有规定电影作品问题，直到 1910 年两个法律修正案，才使得电影在文学艺术作品和摄影作品名下获得间接保护。①

（二）直接保护时期

1. 电影作品概念在条约和立法中的确立

二战后，全球范围内电影发展出现了一些新的动向。在美国出现了好莱坞文艺复兴，在法国则出现了新浪潮电影。20 世纪 40 年代中后期开始，电影的作者理论逐步兴起并广泛传播。1948 年，亚历山大 · 阿斯特鲁克发表了一篇“摄影机—笔”的文章，认为电影已经发展成为一门完全成熟的艺术门

① 帕斯卡尔 · 卡米纳：《欧盟电影版权》，籍之伟、俞剑红、林晓霞译，中国电影出版社，2006，第 24—31 页。

类，能吸引认真严肃的艺术家们运用电影镜头和语言表达他们的感情和思想，“作为作者的电影制作者用摄影机写作，如同作家用笔写作。”① 现代的电影是个人的电影，技术、制作团队和演职人员只不过是电影艺术家创作过程中的工具。新一代的电影制作者逐渐发展成熟，他们强调个人表达和作者理念，创作出了一系列内容主题上具有挑战性以及形式表达上具有实验性的新浪潮及青年电影。同时，从 20 世纪 50 年代开始，电视开始显示其巨大魅力和商业价值，不但分流了大量电影观众，而且也成为电影分销的重要渠道。电视的迅猛发展，使得电影自 19 世纪 70 年代中期开始，历经了一次身份的变革，电影不再是传播影像和梦境的主要媒体。② 此时，电视综艺节目和情景喜剧成为大批生产的节目类型。

为回应电影电视产业发展和技术进步的需求，二战后的各国立法都开始以新型独立客体形式对电影作品予以规定。1948 年《伯尔尼公约》布鲁塞尔文本采用“电影作品和用与电影类似手段创作的作品”的条文表述。1956 年英国版权法被评价为一部现代版权法，该法将作品分为两大部类：第一部类被视为作者的直接创作成果，如文字作品、美术作品等；第二部类被视为传播作品的产品，电影作品、广播节目、录音作品、印刷字形和印刷版面的安排等都属于这一部类，事实上建立了

① 大卫·波德维尔、克里斯汀·汤普森：《世界电影史》（第二版），范倍译，北京大学出版社，2014，第 537—538 页。

② 让-皮埃尔·让科拉：《法国电影简史》（第二版），巫明明译，中国电影出版社，2014，第 85—87 页。

一种特殊的“企业”版权。① 1957 年法国《文学与艺术财产法》明确将“电影作品和以类似拍摄电影方式表现的作品”作为一类著作权法客体类型。1965 年德国著作权法以“包括用与拍摄电影类似的手段制作的作品”来概括和表述电影作品，也使得电影作品成为一个独立的著作权客体类型。

2. 视听作品概念的扩大

20 世纪 80 年代，数字技术通过电脑化的剪辑和混音进入视听制作产业，之后，1990 年数字视频成为一种经济实用的媒介载体，操作简便的视频编辑软件发展迅速，个人便携式电脑都可以安装这种视频编辑软件看或编辑制作视频。同时，万维网使得互联网更易使用，1993 年全球使用互联网的人数只有 130 万，2000 年发展到 3 亿，时至今日仅中国使用互联网的用户就达 10.32 亿。② 视听产品商业化的新市场出现，如互联网、IPTV、数字复制设备等，可称之为视听产品的长尾市场。与之相应，也形成了一批新的视听产品消费者，可统称为网络一代。这些都说明了新的媒体消费生态、新的商业模式和观众策略已经形成。③

美国学者墨杰斯（Robert P. Merges）教授在对美国 1900

① 相关研究和评论请参见郑成思：《版权法（修订版）》，中国人民大学出版社，2009。

② 中国互联网信息中心：第 49 次《中国互联网络发展状况统计报告》，报告显示截至 2021 年 12 月，我国网民规模达 10.32 亿，互联网普及率达 73.0%。中国互联网行业整体向规范化、价值化发展，同时，移动互联网推动消费模式共享化、设备智能化和场景多元化，http://www.cnnic.cn/hlwfzyj/hlwxzbg/hlwtjbg/202202/P020220407403488048001.pdf。

③ Alejandro Pardo, *Hollywood and the Digital Revolution: New Consumers, New Markets, New Business Modes*, Mise au point, 4, 2012.

年至2000年之间的百年知识产权法变迁过程进行研究和回顾后指出，知识产权始终扮演着“技术追赶者”的角色，技术变迁在知识产权各领域的演进中留下了痕迹。① 就人类的传播技术和媒介发展演变来看，经历从“铅与火”到“光与电”，再到“数与网”的发展变革，电影诞生于“光与电”的时代，是第二次工业革命后逐渐发展起来的一种艺术形式。随着电影从最初的无声短片发展到有声长片，电影的著作权法律地位也从原先在戏剧作品和摄影作品名目下获得保护转而成为一类独立的著作权客体。电视剧因其创作过程类似于电影，因此可以作为“类似摄制电影方式创作的作品”获得等同于电影作品的客体地位。但电视直播节目、电视新闻及体育赛事却带来了问题，直接体现就是司法实践中对诸如电视新闻、体育赛事的著作权客体定性不统一。② 尤其是在如今“数与网”的媒介时代，普通个人都能通过智能手机和便携录影设备随时捕捉和拍摄家庭聚会、旅游观光、社会事件等内容的数字视频。这也给各国电影作品法律概念的适用带来难题。为回应技术发展的需要，各国立法开始采纳“由活动影像画面组成的有声或无声作品”的表述对视听作品进行界定，例如1985年法国著作权法案、1988年英国版权法案等，进一步扩大视听作品的概念和保护范围。

① Robert P. Merges, *One Hundred Years of Solicitude: Intellectual Property Law, 1900—2000*, 88 Cal. L. Rev. 2187 (2000).

② 参见广东省广州市中级人民法院民事判决书（2008）穗中法民三初字第352号、广东省广州市中级人民法院民事判决书（2013）穗中法知民终字第972号、北京市海淀区人民法院民事判决书（2013）海民初字第21471号、北京市第一中级人民法院民事判决书（2014）一中民终字第3198号等司法判决。

二、分类保护之坚持：从戏剧性标准到独创性标准

从百年电影发展史的简单勾勒中我们可以看到，电影从最初的景观类、时事类无声短片发展到故事类长片以及系列片，从最初只有荧幕电影发展到屏幕电视、磁盘录像及电子视频，电影及其他类似电影的作品类型不断丰富，人们构建出了视听作品这一上位概念对所有视听类作品进行概括。但是，在视听作品这一上位概念之下，法律始终对不同类型作品作出了区分，以提供不同标准及强度的保护。通过对部分代表性国家有关视听作品的制度梳理和研究，我们可以大致概括出这一区分标准的变化，即在间接保护时期，戏剧性因素是对不同视听产品进行分类保护的决定性因素，根据戏剧性的有无分别在戏剧性作品或摄影作品名下进行保护；而在直接保护时期戏剧性因素逐渐淡化，独创性标准成为决定性标准，所有视听产品依据独创性的有无划分为狭义著作权客体或邻接权客体。根据不同的分类保护标准，纪录片、新闻片等类似的边缘作品被划入不同的保护项下，适用不同的保护标准。

（一）以戏剧性为标准进行分类保护

1910年5月，德国修订了《文学和音乐作品保护法》和《艺术作品和摄影作品保护法》，根据修订后的两个法案的内容，电影作品被划分为两类：一是戏剧性电影作品，在艺术作品和文学作品名目下获得完全的著作权保护，保护期限是“作者终生加死后50年”；二是非戏剧性电影作品，如纪录片和新闻片，则在系列照片序列的名目下进行保护，保护期是

"作品发表后 25 年"。①

在法国，电影的著作权问题一直由 1791 年和 1793 年两部法律调整，② 直到 1957 年著作权制定法都没有变化。其间，法国的著作权法中电影作品的规则发展主要是通过司法判例和法学家解释来实现的。有学者研究指出，这种在戏剧性作品和影像序列归类保护上的两难态度，在部分大陆法系传统国家的著作权法中仍然能够看到制度残留，例如德国著作权法第 94 条关于电影制作者权利的规定。③

在英国，为在国内法中落实和执行《伯尔尼公约》柏林文本有关电影作品保护的规定，英国的戈列尔（Gorell）委员会起草了新的法律草案，该草案倾向于将电影作品视为文字戏剧作品的侵权类型。在新的法律草案中，文字作品的版权权利覆盖了以任何物质形式复制或制作该作品的权利，以及在公开场合演绎该作品的权利。同时，对文学戏剧作品的保护，再无关于物质载体形式的要求，即将通过电影形式改编文字作品的行为纳入文字作品版权控制范围。法案还包含了一个关于电影拷贝及影响的详细解释，明确"以表演或陈述方式将作品制作成电影"（草案第 1 条第 2 款），同时草案第 2 条第 2 款还赋予小说作者及其他非戏剧性作品的作者制止将其作品"通过

① 帕斯卡尔·卡米纳：《欧盟电影版权》，籍之伟、俞剑红、林晓霞译，中国电影出版社，2006，第 29—30 页。

② 根据 1791 年法律，电影的公开放映即视为表演，法院还认定通过拍摄电影的方式对文学作品的复制及改编都有可能侵犯版权。参见帕斯卡尔·卡米纳：《欧盟电影版权》，籍之伟、俞剑红、林晓霞译，中国电影出版社，2006，第 11 页。

③ Pascal Kamina, *Film Copyright in the European Union* (*Second Edition*), Cambridge University Press, 2016.

在公众场合表演或其他方式”而被改编成戏剧性作品的权利。①最终，1911年英国版权法案第35条第1款有关戏剧性作品的规定，包括了任何的电影作品，只要其安排，或表演方式，抑或情节表现方式赋予了作品原创的特点，该条规定是将通过电影摄像机表现出的“电影化的戏剧性作品”也作为戏剧性作品进行保护，保护期限是“作者终生加死后50年”。同时，第35条关于摄影作品的规定，将平版印刷照片和任何通过类似摄影方式制作出来的作品都纳入摄影作品范围之内，这样电影画面也可以作为摄影作品受到保护，保护期限是“自制作之日起50年”。

总之，无论是在德国等典型作者权体系国家还是英国等典型版权体系国家，对非戏剧性、非虚构性的纪录片和新闻片，其客体定性都曾引发过争议。例如，在德国1910年的法律框架内，电影被区分为戏剧性电影和非戏剧性电影作品，而纪录片和新闻片就归类于非戏剧性电影作品，直到德国1965年著作权法才将纪录片和新闻片纳入电影作品序列。又如英国，在1911年版权法案确立的制度内，具有戏剧性的电影，被以“电影化的戏剧作品”的名义纳入戏剧作品范畴给予等同于戏剧作品的全面保护，而无戏剧性的电影，则在摄影作品的名义下受到有限保护。后来，在1988年诺罗之安案，法院确认具有戏剧性的电影作品可以在电影作品和戏剧作品名义下获得双重保护，而没有戏剧性的电影则只能在电影作品名义下进行

① 转引自帕斯卡尔·卡米纳：《欧盟电影版权》，籍之伟、俞剑红、林晓霞译，中国电影出版社，2006，第15页。

保护。

为何要以戏剧性为标准对视听产品进行区别保护，笔者认为这与视听产品法律保护的历史发展有关。电影的发展成熟是两方面因素同时在起着作用：一是技术方面，电影从制作技术方面来讲是摄影摄像技术发展的结果，因此从技术角度认识电影就是“画面序列”；二是内容方面，电影从下里巴人的游乐场技艺到被确认为一门艺术形式，其主要原因就在于电影展现了其叙事和讲故事的能力，逐渐成为一种戏剧改编的方式，因此 1908 年《伯尔尼公约》柏林文本才首次将电影纳入规制框架。《伯尔尼公约》柏林文本第 14 条将文学和艺术作品作者的权利延展到许可对其作品通过拍摄电影方式进行复制或公开展示的权利，并在公约里建立起了对电影作品的保护。[①]因此，戏剧性几乎从一开始就是作为视听作品进行分类保护的重要因素，并且一直影响到现在。

（二）以独创性为标准进行分类保护

独创性（originality）是某项智力成果构成作品并受著作权保护的实质要件。德国、西班牙、英国、爱尔兰、希腊等都在著作权法中将独创性作为客体受保护的前提条件予以明确规定。我国《著作权法实施条例》在界定作品的概念时，也规定了独创性要件。条例第二条规定“著作权法所称作品，是指文学、艺术和科学领域内具有独创性并能以某种有形形式复制的智力成果”。视听作品是法定作品类型之一，独创性也是

① 帕斯卡尔·卡米纳：《欧盟电影版权》，籍之伟、俞剑红、林晓霞译，中国电影出版社，2006，第 12—14 页。

视听作品的实质构成要件，亦是对视听作品和录像制品进行分类保护的标准。

在部分作者权体系传统的国家，独创性也是对视听产品进行分类保护的重要划分标准。例如，1941 年意大利著作权法修法时对电影作品相关规定作了相应修改，增加了对电影作品独创性的要求，该法第 2 条第 6 款关于电影艺术作品的规定涵盖了除单纯的纪录性的影片之外的电影形式，无论是否包含声音。因此，根据这一界定，新闻片和纪录片不再在电影作品项下进行保护，而是适用新型的邻接权，即非独创性系列照片的有关规定。① 同样，1965 年德国著作权法也是以独创性作为区别保护的标准，依据现有独创性标准，绝大部分纪录片和新闻片都能作为电影及类似电影作品受到完全保护，而不具有独创性的影像序列，则在新设的“动态画面”这一邻接权项下受到有限保护。

为何要针对电影作品和单纯的“画面序列”（动态画面）进行区别对待，并体现不同？对此，德国慕尼黑马克斯·普朗克创新和竞争研究所的阿道夫·迪茨教授在 2016 年 9 月 13 日对中国代表团所做的咨询意见中曾指出，因为按照作者权体系的观念，著作权法旨在保护具有独创性的创作成果，这同样适用于电影作品。不具有创作成分的动态画面，如通过静止的摄像机观察动物的习性或者通过静止的摄像机对交响音乐会、体育赛事、政治活动进行录制，抑或是偶然性地业余性地录制家

---

① *Protection of Copyright and Neighboring Rights of Italy* (Law No. 633 of April 22, 1941, as last amended by Decree Law No. 154 of May 26, 1997), Article2 (6) goes "works of cinematographic art, whether silent or with sound, provided they are not mere documentaries protected in accordance with the provisions of Chapter V of Part II."

庭聚会活动、自然灾害、恐怖袭击，抑或单纯地播报新闻等，不属于著作权法所保护之作品。但又因上述罗列之录像制品具有相当的经济价值，故而德国立法者就此出发，以邻接权的方式对动态画面给予保护（《德国著作权法》第95条，与94条存在理念上之关联）。①

三、制度发展之脉络：从国际保护到国内保护

从18世纪开始，国家著作权制度逐步在欧洲大范围传播开来，从而使作者们的权益得到保护，然而出于各种不同目的，盗版国外作家的著作却成为一项国际图书行业的惯例。19世纪，欧洲各国尝试通过签订双边协定的方式来保护其本国国民著作在其他国家受到保护。1878年，经法国提议，国际文学协会成立，在成立大会上通过两项关于著作权国际保护的决议：一是提供对国外作者的文学作品实施国民待遇原则；二是除依作品来源国要求办理手续外，不附加任何其他手续。国际文学协会（1884年更名为国际文学艺术协会）从成立起就致力于制定一个保护文学作品的国际公约，并确立了国民待遇、自动保护和独立保护这三项著作权国际保护的基本原则。最终，这三项原则被1886年通过的《保护文学艺术作品伯尔尼公约》采纳。②

在《伯尔尼公约》通过后的20年时间内，电影诞生并

① 《十二国著作权法》，《十二国著作权法》翻译组译，清华大学出版社，2011，第178页。

② 德利娅·利普希克：《著作权与邻接权》，中国对外翻译出版公司、联合国教科文组织，2000，第478—495页。

发展起来，逐步展现其作为全球产业的特质。1896 年法国的夏尔·百代创立了第一家百代兄弟公司，注册资金 4 万法郎，主要经营留声机和电影生意。电影生意发展很顺利，后来有多家银行带着资金找上门来。1897 年 12 月 28 日，新的百代兄弟公司成立，注册资金达到一百万法郎。有了银行资本的支持，百代公司得到更加蓬勃的发展，到 1908 年百代已在国外建立许多分公司，罗马、莫斯科、维也纳、布达佩斯、伦敦以及纽约都建立了百代分公司，以制作当地影片。另外，百代的代办处也遍布全球，如中国上海、印度加尔各答以及新加坡等。① 电影在全球的发展，促使国际社会关于电影保护国际规则的立法协调。当各国还未在国内法中解决电影的著作权保护问题时，立法首先从国际层面取得突破，而后影响到各成员国的国内立法，②展现出一条从国际保护到国内保护的制度发展脉络。

（一）《伯尔尼公约》及其对各国立法的影响

1. 1908 年《伯尔尼公约》柏林文本及其影响

1908 年，在修改《伯尔尼公约》的柏林外交会议上，当时的电影强国法国提出《伯尔尼公约》的保护应当扩展到电影的保护。法国的倡议得到了大会支持，电影作品的保护也以特殊的方式被纳入公约保护范围。但是值得注意的是，提出这一建议的不是电影制作者，而是剧作家，因为剧作家抱怨电影改编

---

① 让－皮埃尔·让科拉：《法国电影简史》（第二版），巫明明译，中国电影出版社，2014，第 7—15 页。

② 山姆·里基森、简·金斯伯格：《国际版权与邻接权——伯尔尼公约及公约以外的新发展》（第二版），郭寿康、刘波林、万勇、高凌瀚、余俊译，中国人民大学出版社，2016，第 367 页。

了他们的作品。① 因此，《伯尔尼公约》柏林文本建立了一种复杂的间接保护电影作品的制度。《伯尔尼公约》第 2 条所列举的作品名单中并不包括电影作品，只是在第 3 条关于摄影作品的文本旁注中提到电影作品，即本公约适用于摄影作品或以类似摄制的方法创作的作品，缔约国应对他们的保护加以规定。同时，《伯尔尼公约》柏林文本的第 14 条第 2 款规定，如果电影作品在“表演形式安排或事件讲述的结合”方面具备独创性，则电影作品本身享有版权，应被视为文学和艺术作品加以保护。②

由此，《伯尔尼公约》柏林文本建立起了关于电影作品的双重保护机制：一是作为系列摄影作品进行保护，二是对其中“个性和创作性特征”的部分，可作为脱离原剧本的戏剧性作品进行保护。这在有关公约柏林文本最后的报告中体现得非常明显：“我们注意到电影正在成为对文学艺术作品进行复制和改编的方式之一，电影制作者也在构思主题、布置场景、指导演员表演等，这是一种特殊类型的戏剧作品，因此免除其复制和改编他人文学艺术作品的责任是不可能的，这不是垄断一个创意或主题的问题，而是保护既有的创意和主题发展形式的问题。法官们应以对普通文学艺术作品同样的方式评价这一情况。”③ 另外，《伯尔尼公约》柏林文本第 14 条第 3 款还作出

---

① 帕斯卡尔·卡米纳：《欧盟电影版权》，籍之伟、俞剑红、林晓霞译，中国电影出版社，2006，第 12 页。

② 山姆·里基森、简·金斯伯格：《国际版权与邻接权——伯尔尼公约及公约以外的新发展》（第二版），郭寿康、刘波林、万勇、高凌瀚、余俊译，中国人民大学出版社，2016，第 89 页。

③ 转引自帕斯卡尔·卡米纳：《欧盟电影版权》，籍之伟、俞剑红、林晓霞译，中国电影出版社，2006 年 8 月，第 13 页。

将电影改编作品作为作者原创作品予以保护的规定。因而,《伯尔尼公约》柏林文本包含了禁止通过摄制电影以及电影展示方式侵犯文艺作品的内容,也同时解决了电影作品的版权保护问题。《伯尔尼公约》柏林文本的这一规定,对之后 1910 年德国相关著作权法律的修改以及 1911 年英国版权法案等都产生了直接的影响。

2. 1948 年《伯尔尼公约》布鲁塞尔文本及各国法律发展

1908 年柏林外交会议之后,1928 年又召开了罗马外交会议对《伯尔尼公约》进行修改,但修改内容并未涉及电影作品。不过,在罗马外交会议上通过了一项决议,决定《伯尔尼公约》第三次修订会议应于 1935 年在布鲁塞尔举行。但由于二战及其他原因,最终推迟到 1948 年 6 月。布鲁塞尔会议的主要目的是应对技术的发展变革,对相关问题进行修改,这次会议主要讨论了电影、广播、唱片的问题。1948 年《伯尔尼公约》布鲁塞尔文本对视听作品作出了新的规定:一是在第 2 条被保护作品列表中明确包括了“电影作品及与电影类似手段创作的作品”及“摄影作品及与摄影类似手段创作的作品”,并要求成员国对这些作品进行保护。二是在第 14 条中增加第 2 款,要求成员国像保护原著一样保护电影作品。[①]《伯尔尼公约》布鲁塞尔文本作出上述规定后,各成员国都在条约规定的最低限度保护标准基础上,将电影作品和用与电影类似手段创作的作品纳入客体范围。

---

① 德利娅·利普希克:《著作权与邻接权》,中国对外翻译出版公司、联合国教科文组织,2000,第 502、504 页。

3. 1967 年斯德哥尔摩文本及对各国法律的影响

斯德哥尔摩会议为电影作品建立起了新的国际公约机制，因各国国内法关于作者资格和作品归属等规定各有不同，因此协调时间很长。斯德哥尔摩会议最终通过关于电影作品的章程，涉及几个重要条款，如第 2 条第 1 款将电影作品列入保护范围；第 4 条 a 项规定电影作品保护标准和公约的补充连接点；第 14 条规定原始作者对电影作品享有的权利；第 14 条之 2 规定了电影作品作者的权利；第 15 条第 2 款规定了制片人的资格推定条款，使制片人能有效行使其权利。同时，由于各成员国关于电影作品归属的法律规定不一，英美法系传统是制片人版权，而欧陆法系传统认为只有参加电影创作的自然人才是作者。基于此，公约将这一问题交由各国立法自行决定，而没有做出统一要求。①

（二）《伯尔尼公约》以外的发展

《伯尔尼公约》是世界知识产权组织（WIPO）管理的涉及视听作品保护的主要国际著作权公约，在《伯尔尼公约》之外，世界知识产权组织、世界贸易组织、联合国教科文组织、欧盟等全球性和区域性国际组织都在不同层面努力协调有关视听作品保护的国际规则。

1. 世界知识产权组织《视听作品国际登记条约》

1981 年 3 月，声音和视听录制品盗版问题世界研讨会在日内瓦召开，会上第一次提出了建立视听作品国际登记册的可

---

① 德利娅·利普希克：《著作权与邻接权》，中国对外翻译出版公司、联合国教科文组织，2000，第 514—515 页。

能性问题。从1981年至1984年，在世界知识产权组织（WIPO）和电影工业界代表的参加下，对这一提议进行了深入研究，结论是存在普遍的建立视听作品登记制度的愿望。之后，世界知识产权组织召开了多次顾问小组会议、预备会议，并最终于1989年4月10日召开了日内瓦外交会议，共有59个国家代表团、联合国教科文组织和欧洲共同体这两个政府间国际组织、9个非政府组织的观察员参加了外交会议，会议于4月20日最终讨论通过了条约、条约实施规定和最后记录。根据条约的规定，条约旨在以下三方面达成国际协作：一是增加视听作品交易的法律安全度；二是推动视听作品的创作和国际交流；三是促进反对盗版视听作品的行动。

视听作品国际登记条约第二条对视听作品进行了定义，根据该条规定，视听作品是指由一系列固定相连可以看见的图像，有伴音或无伴音的，如有伴音时可以听见。这一定义包括了无声电影，也可以认为包括了固定在一系列翻转片上的图像，但是不包括纯粹的声音，即不伴有图像的声音。①

2. 世界知识产权组织《著作权立法示范条文（草案)》

1988年8月世界知识产权组织著作权立法示范条文草案的定义部分和受保护作品部分，均只提到视听作品。在评论的第19段提出，给视听作品一词定义不受为创作这类作品所使用的技术，如电影拍摄、电视、录像技术等的限制，第63段提出，电视创作应被视为视听作品。

① 参见视听作品国际登记条约缔结外交会议文件，世界知识产权组织，日内瓦，1990年，第146—149页。

3. 联合国教科文组织《关于保护和保存动态图像的建议》

1980年10月在贝尔格莱德召开的联合国教科文组织第21届大会讨论通过了一项《关于保护和保存动态图像的建议》，根据建议的内容，活动图像主要是指电影片、为广播组织或由广播组织制作的电视片和建议之外的录像制品。大会认为活动图像是各国人民文化特性的一种表现形式，由于其物质载体的特殊性质，使得活动图像很容易受到损害，必须在特殊技术条件下储存，因此成员国必须采取进一步措施，确保为下一代保护和保存这些文化遗产中脆弱的部分，应当同对其他形式的能为当代和后代受用的文化财产的保护和保存同等看待。①

四、中国实践之经验：我国视听产品法律保护模式回顾与思考

（一）我国视听产品法律保护模式的立法演变

1. 1990年著作权法之前的历史

中国历史上并无版权概念，只有“版本”的概念，“版”是复制、刻印的，“本”则是手抄的原件。②在1903年中国和美国、日本等签订的《通商行船续订条约》中使用的是版权的概念。1903年，严复上疏清朝学部大臣张熙，建议中国也仿照日本等国制定著作权法，以便保护“编、纂、译、著”的作者的权利。清政府任命法学家沈家本主持此项立法，沈家

① 德利娅·利普希克：《著作权与邻接权》，中国对外翻译出版公司、联合国教科文组织，2000，第686—688页。

② 刘春田：《著作权法的保护对象》，载最高人民法院培训班编《著作权法讲座》，法律出版社，1991，第44—66页。

本在三个日本专家的帮助下起草了法律草案，因此受日本著作权立法影像较大。当时，日本学者福泽渝吉将 Copyright 直译为版权，后日本于 1899 年加入《伯尔尼公约》时，研究作者权和版权相关概念后，创造出了“著作权”的概念，1910 年《大清著作权律》则予以借鉴。在制定《大清著作权律》过程中，清政府还派人以观察员身份参加了 1908 年关于修改《伯尔尼公约》的柏林外交会议。① 1910 年《大清著作权律》颁布，这是中国历史上首部保护作者权利的法律。因历史发展所处阶段的原因，其客体范围限于文艺、图画、贴本、照片、雕刻、模型等，未规定电影等视听作品。②之后，1915 年《北洋政府著作权法》基本沿袭了《大清著作权律》的框架和内容。

1928 年 5 月 14 日，《中华民国著作权法》及其实行细则在同日公布，两个法律文件并未直接规定电影作品，但在第一条对保护范围做了如下规定：“就下列著作物，依本法注册，专有重制之利益者，为有著作权：书籍论著及说部、乐谱剧本、图画字帖、照片雕刻模型、其他关于文艺学术或美术之著作物。就乐谱剧本有著作权者，并得专有公开演奏或排演之权。”该法第十九条规定“就他人之著作阐发新理或以与原著作物不同之技术制成美术品者，得视为著作人享有著作权”③。

① 刘春田：《著作权法的保护对象》，载最高人民法院培训班编《著作权法讲座》，法律出版社，1991，第 44—66 页。

② 《中国百年著作权法律集成》汇编组：《中国百年著作权法律集成》，中国人民大学出版社，2010，第 5 页。

③ 《中国百年著作权法律集成》汇编组：《中国百年著作权法律集成》，中国人民大学出版社，2010，第 16—20 页。

时任新闻出版署版权司沈仁干司长，在 1991 年举办的最高人民法院著作权法培训班上，曾讲到 1928 年《著作权法》增加了对唱片、电影这两类作品的保护，应该是针对这两条的规定而言。①

对此观点，笔者亦做了相应考证：其一，民国二十一年（公元 1932 年）六月二十一日司法院“院字第七七五号”函，该文件对 1928 年著作权法第十九条做了如下解释：“一甲就他人所著小说编制电影剧本，合于著作权法第十九条（以与原著作物不同之技术制成美术品）之规定，自得视为著作人享有著作权，甲享有著作权后，固不能限制乙之亦以不同技术制成美术品，但乙所制成之美术品其内容及名称必须与甲之已注册者显有区别，否则即为著作权之侵害。二享有著作权法第十九条著作权之乐谱剧本，当然与第一条第二款之著作权同等专有公开演奏或排演之权。至他人再就同一原著作品编制乐谱剧本，应依第一点甲、乙情形解决之。三著作权法第十九条著作权之享有，在能阐发新理或以不同技术制成美术品，自毋庸得原著作人或著作权所有者之同意，至原著作人如并享有乐谱剧本之著作权，自得专有公开演奏或排演之权，否则应受他人专有权之限制，不得当然兼有。”②其二，“1933 年院字第 891 号”文件做出如此解释：“电影剧本，实含有著作权法第一条第一项二、四两款之性质，呈请注册时，应参照该两款及同法

---

① 沈仁干：《著作权法的制定和立法精神》，载最高人民法院培训班编《著作权法讲座》，法律出版社，1991。

② 周林、李明山：《中国版权史研究文献》，中国方正出版社，1999，第 238—241 页。

实施细则第二条规定，分别办理。”[①]可见，1928 年是在剧本和照片项下对电影的著作权进行保护。这是对 1908 年柏林文本相关规定的借鉴，即剧本作者有权许可他人通过拍摄电影的方式对剧本进行复制或公开展示，同时如果最终电影作品体现了个人和创作性特征，则该电影作品就能作为文学或艺术作品被保护。以此，建立了对电影作品的间接保护模式。直到 1944 年《中华民国著作权法》及实行细则，才首次在法律条文中直接对电影作品进行规定，将“发音片、照片或电影片”明确列为著作权法保护客体，即著作物。

新中国成立后，我国政府虽在有关出版的政策文件中提到要保护作者权益，但这并非著作权意义上的民事权益保护，当时作者的权益范围也仅限于获得稿酬，而稿酬也被视为一种劳动报酬。“文革”期间，作者权利的保护基本中断，“文革”结束后，国家出版局于 1977 年开始恢复稿酬制度，并于 1979 年开始着手起草著作权法，该法历时 11 年，直至 1990 年著作权法才正式出台。其间，1984 年 6 月 15 日文化部发布《图书、期刊版权保护试行条例》，但未涉及视听作品问题。1985 年 1 月 1 日文化部接着发布《图书、期刊版权保护试行条例实施细则》，细则第二条第（五）项规定：对未以上述图书、期刊形式出版的作品，如……电影片、电视片、幻灯片、录音、录像等电影或音像作品……国家出版单位和个人应尊重作者依据法律、条例或有关部委及各省、区、市政府颁布的规章享有

① 参见中国版权情报中心提供的 1928 年《著作权法》，收录于江平、沈仁干等：《中华人民共和国著作权法讲析》（中华人民共和国司法部、国家版权局著作权法培训班教材），中国国际广播出版社，1991。

的版权，以此对电影作品及音像制品版权进行了相应保护。

2. 1990 年著作权法至今

1979 年中美贸易协定签订后，根据国内作者、传播者的要求及对外国际交往的需要，中央批准由国家出版局牵头组织班子着手起草著作权法。至 1989 年 12 月，草案方提交全国人大常委会审议，后根据审议意见及各部门征求的意见修改后，于 1990 年 6 月再次提交人大常委会。在著作权法整个起草过程中，一直遵循着的一个立法理念，既不同于普通法国家的财产权利说，也不同于大陆法国家的人权观念说，而是一种智力成果权观念，就是文学、艺术、科学作品所产生的一种智力劳动成果，即劳动者的脑力劳动产品所产生的权利。① 1990 年 6 月 20 日七届全国人大常委会第十四次会议审议草案文本中，第三条作品列表中规定了“电影、电视作品”，然而在 8 月 30 日最终提交全国人大常委会第十五次会议审议通过的草案文本中，相关条款改为“电影、电视、录像作品”。② 9 月，七届人大常委会十五次会议审议并最终通过了《著作权法》，该法第三条第（五）项规定了“电影、电视、录像作品”，并在第四章第三节规定了录音录像邻接权。之后，我国《著作权法》分别于 2001 年、2010 年和 2020 年进行了三次修改。2001 年

---

① 沈仁干：《著作权法的制定和立法精神》，载最高人民法院培训班编《著作权法讲座》，法律出版社，1991。

② 参见全国人大法律委员会副主任委员宋汝棼分别于 1990 年 6 月 20 日在第七届全国人大常委会第十四次会议上做的《全国人大法律委员会对〈中华人民共和国著作权法（草案）〉审议结果的报告》以及 1990 年 8 月 30 日在第十五次会议上做的《关于〈中华人民共和国著作权法（草案修改稿）〉修改意见的汇报》，载《中华人民共和国全国人大常委会公报》1990 年总第 340—350 页。

修改是为加入世界贸易组织（WTO）需要，根据世界贸易组织《与贸易有关的知识产权协定》(TRIPS）对著作权法进行的修改；2010 年修改是为了履行 WTO 裁决，这两次修改均带有被动性和局部性的特点，并非为适应我国经济社会的发展和科学技术的进步的现实需要所做的主动、全面修改。与前两次的被动修改不同的是，《著作权法》第三次修改是为适应知识经济的发展，推动实施国家知识产权战略，建设创新型国家的大背景下所进行的一次全面的主动的修改。① 其中，视听作品的修改是主要内容之一，是为适应媒体技术发展和视听产业进步所做出的立法上的积极回应。

（二）我国视听产品法律保护模式的历史发展特点

1. 从发展历程来看，我国视听产品法律保护模式也经历了从间接保护到直接保护的发展演变。我国最早对电影等视听作品提供保护的法律是 1928 年 5 月制定的《中华民国著作权法》及其实行细则，当时是在文学作品名义下对电影作品实施间接的保护。随着中国电影的发展，1944 年中华民国《著作权法》及实行细则，才直接将“发音片、照片或电影片”作为著作权法保护的客体。1990 年《中华人民共和国著作权法》规定了“电影、电视、录像作品”，2001 年修法时相关条文表述借鉴了《伯尔尼公约》的规定，将原法中的“电影、电视、录像作品”有关表述统一修改成“电影作品和以类似摄制电影方式创作的作品”，之后 2010 年再次修改《著作权

① 参见 2012 年 3 月 31 日国家版权局《关于〈中华人民共和国著作权法〉（修改草案）公开征求意见的通知》中有关修改草案的简要说明，http://www.ncac.gov.cn/chinacopyright/contents/483/17745.html。

法》时延续了相关内容。2020 年《著作权法》第三次修正时，正式采用“视听作品”的表述。因此，从我国视听作品的著作权立法演进来看，也经历了从在文学作品名下提供间接保护到作为法律上独立的客体类型进行专门保护的立法发展过程。

2. 从动力机制来看，我国视听产品的法律保护及整个著作权法律制度主要是在外力作用下建立和完善的。常有学者以“枪口下的法律”① 来概括和形容中国近代的著作权发展史，而改革开放后的中国著作权法律制度的建立和完善，部分是为落实中美贸易谈判承诺而进行的，因此被学者称为“大国的较量”，②从中也足以看出外力在中国著作权制度建立中的作用。1979 年，中美建交后邓小平同志带团对美国进行国事访问，期间中美签订《中美高能物理协议》，提出中美双方要相互保护著作权。同年 7 月，美国商务部长带团访问中国，双方又签订了《中美贸易关系协定》，美方提出中方要考虑将版权、商标、专利纳入贸易协定。之后，1979 年中央批准国家出版局牵头组织起草著作权法，直至 1990 年出台，将“电影、电视、录像作品”作为著作权法的保护客体。③ 2001 年，中国在加入世贸组织后，根据 TRIPS 协议有关规定对著作权法进行

---

① 安守廉：《窃书为雅罪——中华文化中的知识产权法》，李琛译，法律出版社，2010；李雨峰：《枪口下的法律——中国版权史研究》，知识产权出版社，2006。

② 吴海民：《大国的较量——中美知识产权谈判纪实》，湖北长江出版集团、长江文艺出版社，2009。

③ 为落实对外贸易谈判承诺，中国较早建立了保护无形财产的法律制度，如 1982 年制定了《中华人民共和国商标法》，1984 年制定了《中华人民共和国专利法》，两部法律都先于 1986 年《民法通则》，这也体现了中国法律发展的特殊性，即保护无形财产的民事法律先于保护有形财产的法律被制定出来。

修订，将保护客体修改为“电影作品和以类似摄制电影方式创作的作品”。近些年，中美商贸联委会每年都会就涉及知识产权的议题进行磋商，其中电影影院偷拍等一直是美方关注的核心议题，因此中国也采取了相应的保护措施。

3. 从保护方式来看，我国视听产品法律保护体现了较为明显的分类保护原则。1990 年《著作权法》对电影、电视、录像作品进行了规定，具体是指摄制在胶片或磁带等物质载体上，由一系列连续画面和伴音（或无伴音）组成，并借助适当装置播放的作品，包括已经过剪辑并准备拷贝的电影片，和以摄制电影方式制作的电视片、录像带（磁盘）。①其中，录像的情况较为复杂，一般可以分为三种类型：一是将已经摄制成的电影转录在录像带上；二是将他人的作品或表演的节目进行机械性录制，经必要的技术加工处理后制作而成，比如电视英语讲座等；三是制作过程类似电影作品，即有剧本作为基础，由导演、摄影、音乐等共同合作创作完成，比如录像故事片等。在第一、二类录像的制作过程中，录制者仅把已有的作品转换了载体，或者只是对已有的作品进行了一些必要的技术加工，因此，这两类录像的制作者只能对其制作过程中付出的那部分劳动享有权利，而不能成为录像的作者。第二类录像即为本法所称的录像制品。第三类录像的制作者在制作录像过程中进行了创作，此类录像和电影作品的区别在于它是以录像带作为载体，而电影作品是以胶片为载体，因此，此类录像属于著

① 沈仁干、高凌瀚、许超等：《中华人民共和国著作权法讲话》，法律出版社，1991，第 41—45 页。

作权法第三条第五项（1990年著作权法）规定的录像作品，其制作者可以依据著作权法第十条、第十五条的规定对其作品享有著作权。[①] 2001年《著作权法》修法时，对“电影作品和以类似摄制电影方式创作的作品”和录像制品进行了同时规定，对其分别适用著作权规则和邻接权规则。2020年《著作权法》也坚持了视听作品与录像制品二分的立法模式。可见，分类保护一直是我国视听作品著作权立法中坚持的一项原则。

（三）我国视听作品立法的经验及思考

我国有关视听作品的立法中，存在的突出问题是理论储备不足，立法技术相对落后。在视听作品的立法中，以拍摄器材和技术、物质载体等的不同将具体视听作品区分为电影作品、电视作品和录像作品，以对应于现实生活中的电影、电视和录像。虽然电视、录像作品的拍摄过程要比电影拍摄过程简单些，但它们的基本步骤、方法一样，因此，我国著作权法也将这两种作品列为保护客体。电视作品主要是由电视剧制作中心或者电视台等单位摄制的电视剧、电视片等。录像制品主要是由音像出版社等单位摄制的录像片。[②] 其实，这是缺乏理论概括和立法技术落后的表现，电影作品是一个法律概念，具有一定的概括性和抽象性，并非仅仅对应于现实生活中的电影。在2001年修法中，原法中的“电影、电视、录像作品”有关表述统一修改成为“电影作品和以类似摄制电影的方法创作的作品”，但又对制作手段进行限制，规定了“摄制”的条件。

---

① 胡康生：《著作权法释义》，北京师范学院出版社，1990，第88—89页。

② 全国人大常委会法制工作委员会民法室：《中华人民共和国著作权法知识问答》，法律出版社，1991，第29—30页。

2001年《著作权法》的这一规定，广受学者诟病。[①]事实上，多数国家都没有将“摄制”作为电影作品的法定要件。世界知识产权组织（WIPO）组织编写的《伯尔尼公约指南》也指出，无论在何种情况下，屏幕上所呈现的都应受到同等保护，而不考虑其创作的种类、长度、制作方式、工艺方法和用途等。[②]就此问题，时任国家版权局版权管理司司长王自强还曾专门写信给世界知识产权组织版权司司长咨询何谓“以类似摄制电影的方法创作的作品”，得到的回复是：以电子手段录制的视觉作品和以光学手段录制的电影作品都被认为具有相同的法律属性，因为这两种手段经常相互交替运用，关键是看作品自身的价值，而不在于其如何被固定。《伯尔尼公约》对技术手段并不加以区分。[③]正是考虑到了2001年《著作权法》规定的局限性，2020年《著作权法》才将“电影作品和以类似摄制电影的方法创作的作品”的规定修改为“视听作品”，取消了“摄制”这一关于创作手段的要求，这体现了立法技术的不断进步。

五、小结

著作权制度从产生到现在，历时三百多年的时间。视听作

---

① 王迁：《“电影作品”的重新定义及其著作权归属与行使规则的完善》，《法学》2008年第4期；卢海君：《“电影作品”定义之反思与重构》，《知识产权》2011年第6期。

② 《保护文学和艺术作品伯尔尼公约指南》，刘波林译，中国人民大学出版社，2002，第15页。

③ 刘春田主编：《中国国家版权局版权管理司王自强司长与世界知识产权组织版权司司长关于“以类似摄制电影的方法创作的作品”问题的通信》，《中国知识产权评论（第二卷）》，商务印书馆，2006，第575页。

品自1908年被纳入《伯尔尼公约》保护范围以来，也已一百余年。知识产权始终扮演着“技术追赶者”的角色，技术变迁在知识产权各领域的演进中留下痕迹。在这一百年间，知识产权法具有强烈的准普通法（quasi - common law）特色，对新技术的回应往往采取“三步走模式”：非均衡；司法的、个案性的原理或规则的修正、发展；立法上的承认、固化。①从视听产品法律保护的历史考察中，我们可以发现，伴随着视听技术和产业发展成熟，视听产品法律保护在历史发展中呈现出三条线索：一是保护方式之转变，著作权法对视听产品的保护经历了从在戏剧作品和摄影作品名下的间接保护，到作为单独客体的直接保护的历史变化；二是分类保护之坚持，从主要以戏剧性为主要区分标准到以独创性为主要区分标准，如英国从1911年版权法中的“电影化的戏剧作品”到1988年版权法及判例法中的“戏剧性的电影作品”，德国等也有大致类似的区分；三是制度发展之脉络，从国际保护到国内立法，1908年《伯尔尼公约》柏林文本确立了电影双重保护模式，随后是各国如德国1910著作权法、英国1911年版权法等国内法的落实。1948年《伯尔尼公约》布鲁塞尔文本对电影作品独立客体地位的确立，随后是1956年英国版权法、1957年法国著作权法、1965年德国著作权法等国内法的落实。四是以上述三个方面为分析视角，对我国视听作品制度在著作权法中的建立和发展历史进行了梳理和分析。

---

① Robert P. Merges, *One Hundred Years of Solicitude*: *Intellectual Property Law*, 1900—2000, 88 Cal. L. Rev. 2187 (2000).

第二章 视听产品法律保护模式的比较研究

在各国，视听产品主要是通过著作权法律制度获得保护，然而两大法系在视听作品、电影作品、录像制品、独创性等著作权法律概念的界定和使用上存在诸多不同。本章通过比较各主要国家有关著作权法律制度和视听作品的理论学说、立法模式、具体概念等，分析和研究各国在视听产品著作权法律保护模式的价值目标、制度传统、规则设计之间的异同，探讨具体的制度构造，法系及国别之间的异同与争议，制度差异背后的深层原因等问题，从而形成关于我国视听产品法律保护模式的理论和制度构建的基本共识。

一、视听作品相关的著作权法立法模式比较

（一）作者权体系与版权体系的比较

从比较法角度来看，世界各国的著作权法大致可以划分为两大不同体系，即以德、法、意等为代表的作者权体系（au - thor's right system）和以英、美等为代表的版权体系（copyright system）。作者权体系和版权体系的分野，主要体现在各自对作品本质的认识和著作权正当性的解释方面。作者权体系认为作品的本质是“人格的外化”，作品与作者人格之间的关联是著作权的正当性基础，著作权之要义在于对作者人格的外化形式进行保护。作者权体系认为表演、录音、广播节目是技艺性

劳动的结果，不是独创性劳动的产物，无法体现主体的人格，不符合作品要件，因此采取专门的邻接权制度予以保护。作者权体系的代表国家为德国、法国，欧洲大陆国家多数都是作者权体系国家。与此相对，英国和美国等版权体系国家的版权法，则以“作品的本质系纯粹之财产”为法律观念基础，作品如同有体物一样都是财产，版权法之目的就在于合理地分配作品中的财产利益。在版权法体系中，对表演、录音和广播节目，通常都是纳入版权保护范畴，不另设邻接权。①

1. 价值理念的区别：人格价值说与财产价值说

人格价值说是作者权体系传统国家坚持的著作权法的价值理念。作者权体系通常从天赋人权和自然权利角度出发认识作品的本质和作者的权利，普遍以人格价值观为其著作权理论和立法的理论基础，从而确立了一种不同于英美法系国家的以保护作者精神权利为中心的著作权观念，这一理论的形成深受以康德、黑格尔为代表的先验唯心主义哲学和法国浪漫主义美学的影响。在人格价值说看来，作品是作者主体人格的体现及延伸，通过保护作品的方式保护作者人格，作者精神利益保护是著作权法立法和制度安排的核心，因此保护作品的法律也被称为作者权法。作者权法将保护重心从出版商转移到作者个人，不仅对作者财产权利进行保护，还保护作者的精神权利（droit moral，moral right）。②在作者权体系内，又分为“一元论”和“二元论”，以德国为代表的一元论理论认为著作人格权和财

① 李琛：《知识产权法关键词》，法律出版社，2006，第106—109页。

② 李琛：《质疑知识产权之“人格财产一体性”》，《中国社会科学》2004年第2期。

产权为有机复合体，不可分割；以法国、意大利为代表的二元论理论认为著作权的人格权和财产权相互独立，财产权可以转让。[①] 人格价值说丰富和拓展了著作权的权利内容体系，具有一定的历史进步意义。

财产价值说是英美普通法系国家奉行的版权法价值理念。版权体系普遍将财产价值观作为其哲学基础，版权的本质在于为商业目的而对作品进行复制的权利，因此在英文里版权（copyright）最初即为复制权之意，版权法保护的内容即为作品的印制权和重制权，当时的版权法因此也被人们称为“印刷出版之子”。1709 年，英国制定《安娜女王法令》，被认为是人类历史上的第一部版权法，《安娜法》旨在“授予作者和出版商以专有的复制权，以鼓励作品创作”，据此法律授予作者与出版商一项不同于出版特许权的私人财产权，但并没有涉及作者的人格利益问题，同时出于商贸因素考量对版权期限、效力等作出规定。美国在 1787 年宪法中明确写入了版权条款，即美国国会有权力对作者、发明人就其作品或者发明的专有权利，赋予一个特定期限的保护，以此促进科学及艺术的发展进步。美国宪法中的版权条款充分体现了其版权保护的三大基本政策，即促进知识传播、公共领域保留和保护创作者。[②]日本学者阿部浩二就此评价称，美国的版权法“对版权的保护，不是将作者自身的保护作为第一要义，而是置于以促进科学和

① 范长军：《德国著作权法》，知识产权出版社，2013，第 37—43 页。

② 吴汉东等：《知识产权基本问题研究（分论）》第二版，中国人民大学出版社，2009，第 25 页。

工艺的发展为起因的位置上”。[①] 美国的1790年版权法，贯彻了财产价值说，美国最高法院在解释版权法的正当性时，也认为版权法的主要目的是促进智力性产品的生产和传播，下级法院也多持此观点。[②]财产价值说单纯从作品作为财产的价值角度解释和论证版权的正当性，却忽视了作品在人格方面的因素，无法解释现代著作权法保护作者精神权利的原因。

有学者对不同的著作权正当化理论进行了比较分析和历史研究，极具洞见地指出：19世纪，随着国际知识产权市场的形成，两种相互冲突的知识财产正当性理论成为各国利用的工具。知识出口国大都强调自然权利论，认为法律保护知识财产的目的是保护个人创造者，通过缔结国际条约，强化自然权利论的全球化。知识进口国则强调功用理论，认为法律保护知识财产的目的是为实现社会公共利益最大化，认为各国情况不同，因此知识财产的保护方式也应有所区别，拒绝接受国际条约。美国在19世纪是知识进口国时采用功用理论，20世纪成为知识出口国时转而采用自然权利论。苏联和中国在社会主义的背景下，为了舆论管理的目的而采用功用理论，同时配合以非财产权的奖励制度。伊斯兰国家在神权统治下，为了出版审查而采用功用理论。[③]

对我国著作权法所坚持的价值理念原则问题，原国家版

---

① 阿部浩二：《各国著作权法的异同及其成因》，《法学译丛》1992年第1期。

② 如 Fox Film Corp. v. Doyal，286 U. S. 123，127—128（1932）等最高法判决。

③ Carla Hesse，*The Rise of Intellectual Property*，*700 B. C. —A. D. 2000*：*An Idea in the Balance*，Daedalus，（Spring 2002）.

权局副局长沈仁干认为：在我国整个著作权法的起草过程中，著作权法立法始终贯彻的一个理论，既不同于英美法系国家的财产权利说，也不同于大陆法系国家的人权观念说，实际我们遵循的是智力成果权观念，即著作权是劳动者对其脑力劳动产生的智力成果所享有的权利，这不同于欧洲大陆法系国家一般的人权理论观念，而是这一理论的深化。①智力成果权观念，在我国著作权法中具体表现在以下三个方面：第一，充分保护文化、艺术和科学劳动者的正当权益，调动其参与创作的积极性；第二，鼓励有益于我国社会主义建设的文化产品的创作和传播；第三，促进我国社会主义文化和科学事业的发展繁荣。②正如学者考察我国著作权保护历史后指出的，严复是较早主张建立中国著作权制度的重要人物，正是在严复的倡议和奏请下，清政府命法学家沈家本开始起草中国的著作权法，但严复并不是从自然权利和人权角度理解著作权，而是更多关注精神产品的生产过程，认为著作权是对译著者的精神性补偿，通过著作权的保护可以振兴中国学界，实现与西方文明比肩的目标。③ 1990 年《著作权法》第一条关于立法宗旨的规定也体现了上述价值原则，“为保护文学、艺术和科学作品作者的著作权，以及与著作权相关的权益，鼓励有益于社会主义精神文明、物质文明建设的作品的创作和传

① 沈仁干：《著作权法的制定和立法精神》，载最高人民法院培训班编《著作权法讲座》，法律出版社，1991。

② 沈仁干、钟颖科：《著作权法概论（修订本）》，商务印书馆，2003，第 35—43 页。

③ 李雨峰：《枪口下的法律——近代中国版权法的产生》，《北大法律评论》2004 年第 6 卷第 1 辑，第 144—166 页。

播，促进社会主义文化和科学事业的发展与繁荣，根据宪法制定本法。”2001 年、2010 年和 2020 年修正《著作权法》时都保留了上述相关规定。

2. 法律侧重的不同：保护创作者与保护制作者①

德国、意大利等作者权体系国家的著作权法尤为重视对作者权利的保护，通常都不承认企业作为制片者可以成为作者或取得原始著作权，一般采取变通的做法，通过法律推定的方式，推定参与影视作品创作的各合作作者已经许可制作者享有或行使排他性的著作权。例如，纯粹保护制作者的方案基于宪法的原因在德国不可能被采纳，为此德国著作权法为作者保护和产业发展的需要，采取了一种折中路径，即规定电影创作者有权得到基于著作权制度的创作者保护，但是立法者也通过两项制度保障了电影制作者的利益：首先，通过推定制度（《德国著作权法》第 88 条及第 89 条），在没有约定或约定不明的情况下，立法者推定电影制作者取得使用电影作品的权利；② 其次，《德国著作权法》第 94 条对电影制作者提供额外的 50 年保护，该条规定制片人对录有电影的音像制品，享有复制、发行、公开放映和通过广播电视台播送，以及禁止歪曲和删减的邻接权。③ 德国著作权法通过这样的

---

① 电影作品的创作者是指编剧、导演、词曲作者等作者个人，制片者一般是指电影制片公司。美国等版权体系国家的立法，多是基于效益原则的考量将电影作品的版权直接赋予制片公司。相关研究请参见熊琦：《著作权法中投资者视为作者的制度安排》，《法学》2010 年第 9 期。

② 《十二国著作权法》，《十二国著作权法》翻译组译，清华大学出版社，2011，第 176—177 页。

③ 《十二国著作权法》，《十二国著作权法》翻译组译，清华大学出版社，2011，第 178 页。

制度设计，以实现在电影创作者和电影制作者之间的均衡保护。

英国、美国等版权体系国家的版权法普遍侧重于对制作者的保护。1956 年英国版权法被学者评价为是一部激进的版权法，所有“作品”被划分为两大部类：第一类是作者直接创作的成果；第二类被视为“产品”，包括电影作品、广播节目、录音作品等新的客体类型，该法事实上确立了“企业”版权的概念，区别于摄影作品和戏剧作品等传统版权客体。法律对电影、广播电视等新型客体无独创性要求，这实质上类似于作者权体系中关于著作权和邻接权的划分。① 按照该法案第 13 条（10）款的规定电影的作者是制片人，即作出拍摄电影的必要安排的人。这样的制度安排，一方面避免各方对事实上属于合作作品的电影作品提出权利要求，便于电影作品的商业授权和版权开发；另一方面，也能避免在确定电影作品独创性方面的难题。1988 年英国版权法案继承了 1956 年版权法案的框架，所不同的是，电影被定义为影像录制品本身，而不是承载于其中的以视听形式表现的影像序列。因此受到更多保护的不是电影或视听作品，而是录制品本身。换言之，1988 年法案建立起的是一种通过保护录制品来保护电影作品的制度。② 在美国，法人实在说早在 1906 年就被美国联邦最高法院所采纳而成为法律制度。电影作品版权问题实行的是典型的法人版权制度，电影作品的版权由制片人享有，同时通过劳务合同、

---

① 郑成思：《版权法（修订版）》，中国人民大学出版社，2009。

② Pascal Kamina, *Film Copyright in the European Union* (*Second Edition*), Cambridge University Press, 2016, p. 32.

雇佣合同解决作者权益保护问题。这种将著作权赋予投资者的制度安排，符合效率的立法原则，因为随着版权产业的发展，企业的投资和组织活动对作品生产起着更为至关重要的作用。①

3. 主要制度的差异

从比较法的角度，作者权体系和版权体系的分野，主要体现在各自对作品本质的认识和著作权正当性的解释方面。作者权体系认为作品的本质是“人格的外化”，作品与作者人格之间的关联是著作权的正当性基础，著作权之要义在于对作者人格的外化形式进行保护。作者权体系认为表演、录音、广播节目是技艺性劳动的结果，不是独创性劳动的产物，无法体现主体的人格，不符合作品要件，因此采取专门的邻接权制度予以保护。作者权体系的代表国家为德国、法国，欧洲大陆国家多数是作者权体系国家。与此相对，英国和美国等版权体系国家的版权法，则以“作品的本质系纯粹之财产”为法律观念基础，作品如同有体物一样都是财产，版权法之目的就在于合理地分配作品中的财产利益。在版权法体系中，对表演、录音和广播节目，通常都是纳入版权保护范畴，不另设邻接权。②

对作者权体系和版权体系两者的异同，德国慕尼黑马克斯·普朗克创新和竞争研究所的西尔克·冯·莱温斯基（Silke von Lewinski）教授从以下九个方面进行了全面地比较

① 熊琦：《著作权法中投资者视为作者的制度安排》，《法学》2010年第9期。

② 李琛：《知识产权法关键词》，法律出版社，2006，第106—109页。

研究：

（1）从著作权产生的实质构成要件来看，作者权体系要求受保护的作品都具有一定的独创性，但未对作品是否固定作出要求，也未要求形式要件，奉行的是作品自动保护原则；版权体系对作品规定了形式要件，作品要被固定于一定载体上，同时作品要进行注册，或要呈现一定的版权标识，如“ⓒ”。

（2）从有关作者的规定来看，作者权体系认为作品是作者人格的外化，体现作者人格，因此只有参与创作作品的自然人才能成为作者，①法人、雇主、组织者及制作者都不能成为作者，企业、法人所进行的与作品创作相关的投资投入是在狭义著作权之外的邻接权（或称相关权）项下予以保护，因此是邻接权人，而不是作者；而在版权体系中，除了自然人可为作者之外，法人、企业主及录音制作者等都可作为作者，因此版权体系中并不存在邻接权制度，录音制品等都是作为作品进行保护。

（3）从受保护作品的规定来看，作者权体系中的作品被理解为是“个人智力创作”（personal intellectual creation）的成果，受著作权保护的作品必须具有一定的独创性（originality），且独创性标准一般高于版权体系；而版权体系之前坚持的作品独创性标准是“额头流汗”标准，即只要在作品创作中付出了辛苦努力，成果就能作为作品进行保护。虽然美国联邦

① 在电影作品等特殊情形下，立法者通过权利推定制度对创作者原则予以缓和，规定在没有约定或约定不明的情况下，推定电影制作者取得使用电影作品的权利，如《德国著作权法》第88条和89条的规定。

法院在"Feist"案中改变了之前关于独创性的态度，但整体来看，版权体系对作品独创性的要求要相对低于作者权体系。

（4）关于权利类型，作者权体系将作者的权利区分为精神权利（moral right）和经济权利（economic right）两种类型，精神权利是对作者自身利益的保护，如署名权、保护作品完整权等。经济权利一般包括禁止和许可的权能，即排他性权利，但法律从公共利益角度出发，也会对排他权进行必要限制和除外规定，以合理获酬权代替排他权，如关于个人复制行为，法律规定人人都可以进行非商业性的个人复制行为，但复印店或复印设备进口商要支付作者一定的补偿金。版权体系最初并无作者精神权利的规定，但随着国际立法协调的推进，1928 年《伯尔尼公约》罗马文本规定了作者的精神权利，因此版权体系国家也在国内版权法中引入了作者精神权利，如英国等版权体系国家，但同时也规定作者可以放弃精神权利。

（5）关于权利限制，作者权体系关于权利限制情形列举了长长的清单，且对每一种限制情形做了具体的限制性解释，以免对作者的权利作出不必要的限制。而在版权体系，有关权利限制的表述如合理使用（fair use）等都比较模糊宽泛，因此留给法官很大的自由裁量空间来决定某行为是否构成非商业性使用，存在很大的不确定性。

（6）关于权利保护期，作者权体系关于著作权保护期一直坚持作者生前加死后 50 年的传统，而版权体系最初法律赋予的版权保护期只有 14 年，版权到期后经申请可以延长到 28

年。后来，因为《伯尔尼公约》及其他国际版权公约对保护期进行了规定，要求不低于作者死后50年，版权体系国家立法也作出了相应修改。

（7）关于邻接权，或称相关权，作者权体系在狭义著作权之外，规定了邻接权对作品创作以外的艺术性劳动或投资进行保护，如表演、录制等。在版权体系内，不存在单独的邻接权。因TRIPS协议的原因，美国及其他版权体系国家也在法律中引入了关于保护表演的规定，但没有邻接权这一抽象概念。

（8）关于著作权合同法，作者权体系规定在著作权合同条款不明确的情况下，推定相关权利保留给作者，保障作者在作品后续使用中获得合理报酬权的权利，以对抗处于缔约优势地位的制作者和出版者。而版权体系奉行的是合同自由原则，则没有这方面的规定。

（9）关于著作权集体管理组织，在作者权体系中，著作权集体管理组织承担着一定的社会文化职能。法律规定著作权集体管理组织要从所收取的使用费中抽取一部分建立文化和社会基金，以救助处于特殊困难中的作者以及资助其作品不受市场欢迎的作者的后续创作，尤其是尚不具有一定影响力的年轻作者的创作，以此来保障文化的多样性和后续发展。而版权体系国家的集体管理组织，则不具有这方面的社会文化功能。①

① Silke von Lewinski, *International Copyright Law and Policy*, Oxford University Press, 2008, pp. 33—63.

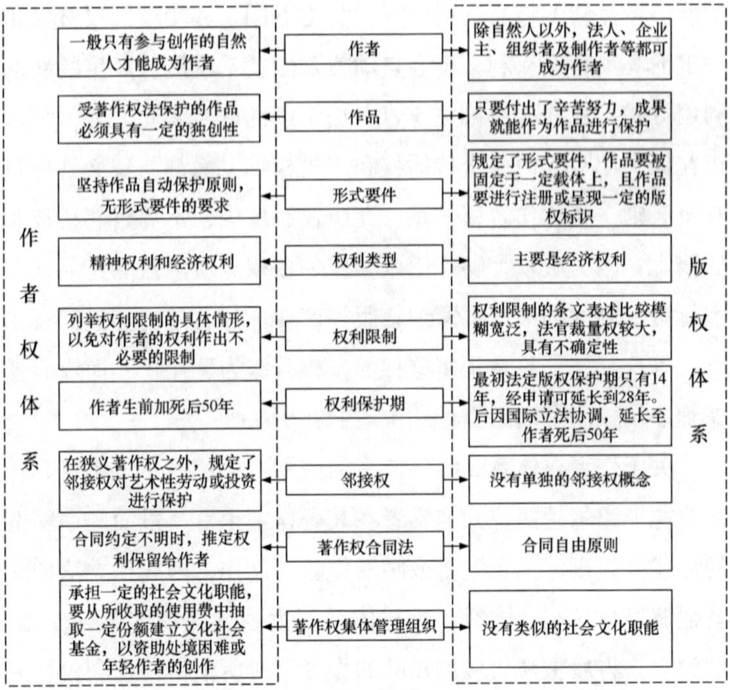

图1　作者权体系和版权体系比较

由于作者的权利不保护除了人类思想的创造以外的任何东西，某些被认为有价值且值得保护的产品被排除在作者权利保护范围之外。邻接权的目的就是为这些产品提供保护。由于邻接权的概念并非像作者权那样植根于自然法哲学，因此邻接权保护通常比作者权更有限。作者原则上享有对其作品进行开发利用的广泛权利，常被赋予一项“兜底权利”，[①] 以便权利范

---

① 如我国2020年《著作权法》第10条第1款第17项规定的“应当由著作权人享有的其他权利”。

围能够覆盖新的作品利用方式。与之不同，邻接权则仅被赋予法定的几项特定权利，不会自动覆盖因技术发展所产生的新的利用方式，除非立法机关通过立法予以确认。除此之外，邻接权在保护期限、向公众传播权和广播权等方面都与狭义著作权有所区别。相比作者权体系，在版权制度中，不需要邻接权利的概念，因为版权足够广泛以涵盖邻接权利所涵盖的产品。在实行版权制度的某些国家中，版权产业主体总是将邻接权视为第二等权利，总是希望将这种邻接权升级为著作权，而没有考虑到邻接权制度的正当性和价值所在。①

关于作者权体系和版权体系的区别，莱昂内尔·本特利和布拉德·谢尔曼两位知名学者在其著作中也有一段简短而精辟的论述。版权体系更注重鼓励新作品的创作，因此在立法中尤其强调经济权利。同时，版权体系不太强调保护实际创作者，例如立法将雇主视为雇佣作品的作者，对所谓精神权利仅持有限的和三心二意的态度。与之相反，作者权体系则尤为强调保护作者对其智力创作成果所享有的自然权利，因此法律不仅保护作者的经济权利，同时也赋予作者广泛的精神权利，如署名权、发表权、保护作品完整权等，以确保体现在作品中的作者的人格利益不被歪曲。②

（二）我国著作权法的立法模式

如前文所述，我国历史上并无版权概念，只有“版本”

---

① Silke von Lewinski, *International Copyright Law and Policy*, Oxford University Press, 2008, pp. 33—63.

② Lionel Bently, Brad Sherman, *Intellectual Property Law*, *4th Edition*, Oxford University Press, 2014, p. 32.

的概念，“版”是复制、刻印的，“本”则是手抄的原件。[①] 1903年，中国和美国、日本等签订的《通商行船续订条约》中首次使用了版权的概念，但是后来清政府在制定《大清著作权律》时，学习借鉴日本立法，引入了著作权的概念。在著作权立法过程中，清政府还派人以观察员身份参加了1908年关于修改《伯尔尼公约》的柏林外交会议。[②]因《伯尔尼公约》是在法德等作者权体系国家的主导下建立和发展起来的，因此条文内容深受作者权体系立法的影响。而《伯尔尼公约》又对1910年中国首部著作权法，即《大清著作权律》产生了重要影响，因此我国著作权法律制度从诞生之日起就带有作者权体系立法的基因。新中国成立后，尤其是1979年中美贸易协定签订后，根据国内作者、传播者的要求及对外国际交往的需要，我国开始着手起草著作权法，并最终于1990年9月七届人大常委会十五次会议审议并获得通过。之后，我国《著作权法》分别于2001年、2010年和2020年进行了三次修订，2001年修改是为加入世界贸易组织（WTO）需要，根据世界贸易组织《与贸易有关的知识产权协定》(TRIPS）对著作权法进行的修订；2010年修改是为了履行中美之间有关WTO的裁决；2020年第三次修改是为适应经济社会发展需要，解决著作权保护领域出现的新情况、新问题。因此，我国的著作权法律制度在建立和发展过程中，受到了作者权体系和版权体系传统和立法的双重影响。

---

①② 刘春田:《著作权法的保护对象》，载最高人民法院培训班编《著作权法讲座》，法律出版社，1991，第44—66页。

对我国的著作权法立法模式和体系问题，德国慕尼黑马克斯·普朗克创新和竞争研究所的迪茨教授在2010年参加纪念1910年《大清著作权律》颁布一百周年的“中国著作权法律百年论坛”时曾专门撰文进行了分析研究。①迪茨教授从六个维度对我国著作权法的立法模式和体系进行了分析，这六个维度包括：法律的整体框架和内容、是否有统一的作品概念以及是否区分狭义著作权和邻接权、是否坚持创作者原则、是否整体规定作者的精神权利、著作权合同法是倾向于保护作者利益抑或坚持合同自由原则、是否有内容详尽的著作权集体管理组织法律法规。通过分析，迪茨教授认为：从法律整体框架来看，中国著作权法体现了作者权体系的特征，著作权法整体上是由五大支柱（five - pillars）② 构成的，包括实体著作权法（规定著作权客体、权利人、权利内容以及权利限制的法律内容）、邻接权或相关权、著作权合同法、著作权集体管理组织法、权利的实施。同时，从一些具体实质规范的分析来看，如授予作者全面的精神权利、倾向于保护作者权利的著作权合同法以及现代化的集体管理组织法等，都表明中国的著作权法具有作者权体系立法模式的显著特征。另一方面，中国著作权法中有关雇佣作品、法人作品和电影作品的权利归属的有关规定

---

① Prof. Dr. Adolf Dietz, *Chinese Copyright System: Anglo-American or Continental European mode*? 载刘春田主编《中国著作权法律百年论坛文集》，法律出版社，2013。

② 五大支柱理论是迪茨教授概括提出的具有广泛影响力的著作权理论。See A. Dietz, *The Five Pillars of Modern European Copyright* (*Author's Rights*) *Protection*, in: European Writers' Congress (ed.), Forum Europa 3. Literature Today and Tomorrow (Budapest 2002), Munich 2003, p. 25 ff.

又具有典型的英美版权体系的某些特征，即雇主、法人和制片者可以成为原始权利人。但同时，法律又规定了电影作品和职务作品情况下，作者的精神权利和法定获酬权，从而实现了创作者和制作者（authors' and producers'）之间的利益平衡。总之，迪茨教授认为中国的著作权法整体上属于作者权体系的立法模式，而非版权体系的立法模式。①笔者赞同迪茨教授的分析和结论。进而笔者认为，我国著作权法在修法过程中，整体上仍应坚持狭义著作权与邻接权两分的传统，分别规定视听作品和录像制品两种权利客体类型。

二、视听作品与相关概念的比较

（一）视听作品与电影作品的比较

从各主要国家关于视听作品的立法来看，部分国家和地区采取较为宽泛的视听作品概念，从而涵盖并取代电影作品概念的立法方案，如意大利、西班牙、俄罗斯等。另有部分国家则在法律中沿用电影作品的概念，如英国、荷兰、日本等。还有美国等国家，在版权法中同时规定了视听作品和电影作品两个概念。②以下将对主要国际公约和典型国家立法中有关视听作品和电影作品的相关规定予以比较研究。

1. 主要国际公约的规定

作为保护著作权的主要国际公约，《保护文学和艺术作品

① Prof. Dr. Adolf Dietz，*Chinese Copyright System：Anglo-American or Continental European mode*？载刘春田主编《中国著作权法律百年论坛文集》，法律出版社，2013。

② 严波：《现场直播节目版权问题研究》，法律出版社，2016，第132—133页。

伯尔尼公约》第2条第1款使用的是“电影作品和以类似摄制电影的方法创作的作品”的概念，但并未对这一概念术语做进一步界定，我国现行《著作权法》也借鉴了《伯尔尼公约》的这一表述。同时，1952年联合国教科文组织《世界版权公约》、1994年世界贸易组织（WTO）《与贸易有关的知识产权协议》(TRIPS)、1996年世界知识产权组织（WIPO）《版权条约》也是相似的规定，都未对视听作品作进一步界定。

《世界知识产权组织著作权立法示范条文草案》（1988年8月11日文件OMPICE/MPC/1/2－Ⅲ），在其定义部分（第1条第i款）和受保护作品（第2条第vi款）部分，均只提到视听作品。在评论部分，第19段明确指出，给视听作品一词下定义不受为创作这类作品所使用的技术（电影拍摄、电视、录像技术等）的限制；第63段指出，电视创作应被视为视听作品。《视听作品国际注册条约》（日内瓦，1989年4月20日），第2条对视听作品进行了定义，规定在条约内的视听作品是指由一系列固定相连的，有伴音或无伴音的，可以看见的（如有伴音时可以听见的）图像。这一定义包括了无声电影；也可认为包括了固定在一系列翻转片上的图像，但不包括纯粹的录音，即不伴以图像的录音。①

2. 典型国家的立法例

《德国著作权法》第2条（受保护的作品）第1款第6项关于受保护的作品的规定中，使用了与《伯尔尼公约》相同

① 转引自德利娅·利普希克：《著作权与邻接权》，中国对外翻译出版公司、联合国教科文组织，2000，第64、620页。

的表述，即电影作品及以与电影作品类似方式创作的作品，也并未对这一概念作进一步界定，但从概念表述的用语来看，包括了纪录片和新闻片。在德国著作权法中，并无视听作品的相关概念。

法国知识产权法典第 L112－2 条对视听作品进行了规定，按照该条界定，视听作品是指由系列动态影像构成的电影作品或其他作品，无论是否配有声音。根据该条定义，电影作品被界定为视听作品的一个下位概念。法国知识产权法对视听作品的定义强调的是系列动画影像，且并不排除纪录片、新闻片或其他类型的电影作品。其中，电影作品与其他视听作品的区别主要在于行政管理方面，如权利转让是否登记、增值税率（VAT）差别等，版权保护方面则无实质差别。① 尽管法国立法对视听作品概念进行了宽泛界定，法国法院在犹豫再三之后，拒绝将交互式电脑游戏作为视听作品进行保护。西班牙、奥地利、保加利亚、匈牙利及荷兰等大陆法系国家的著作权法都对视听作品做了较为宽泛的界定，基本表述为主要由一系列动画影像构成的，无论是否有配音。

美国版权法使用了“电影作品及其他视听作品”（motion pictures and other audiovisual works）② 的概念，因此电影作品被界定为宽泛的视听作品概念的一个下位概念。③ 根据美国版权法第 101 条定义，电影作品是指由系列连续图像组成的作

① Pascal Kamina，*Film Copyright in the European Union*（*Second Edition*），Cambridge University Press，2016，p. 83.

② 17 U. S. A. § 102（a）（6）.

③ Melville B. Nimmer & David Nimmer，*Nimmer on Copyright*，Volume 1，LexisNexis，2016，§ 2.09［A］.

品，这些图像与配音（如有声音）一起连续播放会产生一种动感。①视听作品则是指由系列连续图像构成的作品，这些图像的制作旨在使用器械或装置（如放映机、观察仪器或电子设备）与声音（如果配有声音）一起播放，而不论其载体（如胶片或磁带）的性质如何。②尼莫教授认为，从这一定义来看，视听作品除了要满足独创性和固定的要件外，还应符合三方面要求，即必须由图像构成，图像须是相关且成序列的，相关序列图像须能用特定机器或设备放映。同时，从美国判例来看，幻灯片、卡拉 OK 也能被视为视听作品。③

英国版权法案中没有关于视听作品的实质性条款，只在涉及孤儿作品的程序性规定中提及视听作品。英国版权法规定的特殊性在前文中曾有所提及，即通过保护物质载体的形式保护电影作品。该法第 5B 条关于电影的条款中使用了电影胶片（Film）一词，而非电影作品（Cinematographic works，Motion picture）或视听作品（Audiovisual works），该条将电影胶片定义为“固定在任何介质上，能够借助任何方式从中再现动态

① 《十二国著作权法》，《十二国著作权法》翻译组译，清华大学出版社，2011，第 720 页。原文：“Motion pictures” are audiovisual works consisting of a series of related images which, when shown in succession, impart an impression of motion, together with accompanying sounds, if any.

② 17 U. S. A. § 101, “Audiovisual works” are works that consist of a series of related images which are intrinsically intended to be shown by the use of machines, or devices such as projectors, viewers, or electronic equipment, together with accompanying sounds, if any, regardless of the nature of the material objects, such as films or tapes, in which the works are embodied.

③ Melville B. Nimmer & David Nimmer, *Nimmer on Copyright*, Volume 1, LexisNexis, 2016, § 2.09 [A] [B].

影像的录制品”①。对这一定义，其特殊性在于保护的对象不是介质载体中所负载的影像内容，而是介质载体本身，即录制品。除了以保护录制品方式保护电影以外，在英国，由于上诉法院在诺罗之安案中所持的观点，视听作品亦可作为原创戏剧作品进行保护。

总之，对核心意义上的视听作品，即在电视上或剧院里播放的影视片，国内法对影片或者视听作品的定义涵盖的作品范围是相似的。在一些作者权法传统占优势的国家中，新闻片和纪录片并没有排除在视听作品的定义保护范围之外。保护范围上的差别并非来自视听作品的定义，而是尚未一体化的独创性概念的适用，这或许会影响某些电视节目或者直播事件录制品的保护。同时，在一些对视听作品采取广义定义的国家，一些法院拒绝将多媒体作品特殊化为视听作品，特别是互动作品或电子游戏。②

（二）视听作品与录像制品的比较

视听作品（audiovisual works）和录像制品（video recordings）是著作权法上的两类不同客体。在民法领域，客体是民事法律关系的三个要素之一，是民事权利和民事义务所指的对象，具体包括物、行为、智力成果和商业标志、人身利益和权利。③根据我国《民法典》第123条的规定，知识产权的客体类型包括：作品、发明、实用新型、外观设计、商标、地理标

---

① UK Copyright, *Designs and Patents Act 1988*, 5B（1）.

② 帕斯卡尔·卡米纳：《欧洲影片保护的客体》，载埃斯特尔·德克雷主编《欧盟版权法之未来》，知识产权出版社，2016。

③ 王利明：《民法学（第五版）》，中国人民大学出版社，2010，第39—41页。

志、商业秘密、集成电路布图设计、植物新品种等。其中，作品是狭义著作权的客体，具体包括文字作品、音乐作品、摄影作品、美术作品、视听作品等类型。①除了作为狭义著作权客体的作品外，《著作权法》还规定了版式设计、表演、录音录像制品、广播电视信号这四类邻接权客体。②

尽管国际公约及其他国家著作权法中并不一定有录像制品的概念，但在德国和意大利等作者权体系传统的国家，著作权法在视听作品或电影作品之外，规定了“活动照片”或“动态画面”的法律概念，对缺乏独创性的视频进行相应保护。例如，德国著作权法第95条，在电影作品之外，对不具有独创性的动态画面进行了规定，作为邻接权的客体。③ 有关电影作品的制度稍加变更后即可适用于“不作为电影作品保护的系列影像与声音”。但对电影作品和动态画面各自的客体范围并未规定。意大利著作权法则在第87条摄影作品的特殊邻接权项下对系列照片予以保护，包括缺乏独创性的纪录片和新闻片。④ 意大利现行著作权法第2条关于著作权法保护客体的第6项规定“电影艺术作品，无论有声或无声，但依本法第二编第五章受保护的纪录片除外”。⑤ 依据该条规定，版权法对缺

① 参见《著作权法》第3条规定。

② 参见《著作权法》第四章的有关规定。

③ 《十二国著作权法》，《十二国著作权法》翻译组译，清华大学出版社，2011，第178页。

④ 埃斯特尔·德克雷：《欧盟版权法之未来》，徐红菊译，知识产权出版社，2016，第64—65页。

⑤ *Protection of Copyright and Neighboring Rights of Italy*（Law No. 633 of April 22，1941，as last amended by Decree Law No. 154 of May 26，1997），Article2（6），available at http://www. wipo. int/wipolex/en/text. jsp? file_ id =128162

少原创性的纪录片与新闻片做了除外规定，由摄影作品特殊邻接权下的系列照片加以保护。各国法律虽然使用的法律名词有所不同，如系列照片、动态画面等，但是其发挥的制度功能是相似的。正如日本比较法学者大木雅夫所言，各个国家的法律制度皆是在其自身历史发展中形成的，每个国家都设计了不同的法律概念和技术，有的时候会呈现截然不同的外观形式。初看起来似乎相同的制度，在实践中却发挥着完全不同的制度功能，而看似不同的制度却实际上又发挥着相似的功能。[①]

视听作品和录像制品是两个既相关又不同的抽象法律概念，是作者权体系的著作权法对不同视听产品的分类，其区分依据在于视听产品的独创性（originality）的有无。从 2014 年 6 月的《著作权法》（修订草案送审稿）第 5 条第 2 款第 12 项有关视听作品的概念表述来看，视听作品的质的规定性在于“系列连续画面”，因此生活事实层面的电影、电视剧及类似制作电影方式创作的视听产品都可纳入作为著作权保护客体之一的“视听作品”法律概念范畴，但单纯的声音则不属于视听作品的概念范畴。[②]根据现行《著作权法实施条例》第 5 条第 5 项的规定，录像制品是指电影作品和类电影作品以外的任何有伴音或者无伴音的连续相关形象、图像的录制品。[③]视听作品和录像制品这两个概念，其相同之处在于两者在法律性质上都是著作权法上的排他性财产权的客体，两者的法律保护方式都是客体导向的设权保护模式；其不同之处主要在于视听作

---

① 大木雅夫：《比较法》，范愉译，法律出版社，1999，第 81—105 页。

② 单纯的声音可纳入音乐作品或录音制品的保护范畴进行保护。

③ 参见我国《著作权法实施条例》第 5 条第 5 项。

品是狭义著作权客体，以具有独创性为保护条件，录像制品是邻接权客体，法律对录像制品无独创性要求。除此之外，视听作品和录像制品在权利类型、权利内容和保护期限等方面还存在不同。

表1　作者权体系中视听作品与录像制品的比较

		视听作品	录像制品
相同点	法律性质	两者都是著作权法上的排他性财产权客体	
	权利实现方式	两者都是客体导向的设权模式，即权利人对视听作品或录像制品享有法定的权利，如复制权、发行权等	
不同点	客体属性	狭义著作权客体	邻接权客体
	法律保护模式	狭义著作权保护模式	邻接权保护模式
	独创性要求	有	无
	权利类型	著作人身权＋著作财产权	著作财产权
	权利内容	我国著作权法赋予视听作品权利人17项权利，包括4项人身权、12项财产权和1项兜底权利	我国著作权法仅赋予录像制品权利人4项经济权利
	权利期限	作者生前＋死后50年	录制完成后50年或更短
	法律保护水平	相对较高	相对较低

对视听产品法律保护模式的选择，尤其是关于边缘区域新型视听产品的客体定性，无论是将其作为视听作品适用狭义著作权的保护，还是将其定性为录像制品适用邻接权的灵活保护，抑或从行为规制和维护市场竞争秩序角度出发适用反不正当竞争法保护，法律保护模式的选择背后，其实是法律政策和

价值的考量。首先，独创性是区分视听作品和录像制品的标准，同时也是影响划定私权范围和公有领域的界线的决定指标之一。具体而言，独创性标准越低，视听产品划入视听作品的保护范围的就越多，相应的，落入录像制品保护范畴的也就越少；独创性标准越高，纳入视听作品保护范围的视听产品就将减少，进入录像制品保护领域的会相应增加。其次，录像制品是邻接权的客体之一，邻接权是在狭义著作权之外一种比较灵活的制度安排，旨在对科学、文化、艺术领域的劳动、投资进行保护，国家可以从具体产业发展的制度需求出发，在保护权利人财产权利的同时，运用法定许可、获酬权、保护期等立法技术和制度安排对邻接权作必要限制，从而划定在文化创新过程中，私权领地和公有领域的范围。

最后，需要特别澄清的一点是，录像制品的法律概念很容易使人将其与日常用语中的录像制品相混淆，被误解为一定的物质载体，[①] 如一盘录像带或一张 DVD 光盘，但其实不然。作为法律概念，录像制品是指固定在物质载体之上的、独创性不足的连续影像。正如狭义著作权的客体是小说等作品，而不是承载作品的纸张等物质载体一样，录制者权的客体是已被录制在物质载体之上的连续影像，并非承载影像的物质载体。[②] 而在其他国家立法例中，有对物质载体作出专门规定的。例如，根据美国现行的 1976 年版权法的规定，电影作品及其他视听作品主要负载于胶片中，但也不尽然，胶片之外的磁带、

① 衣庆云：《电影作品著作权立法问题之异见》，《知识产权》2012 年第 9 期。

② 王迁：《著作权法》，中国人民大学出版社，2015，第 284 页。

光盘及其他有形载体都能作为电影作品及其他视听作品的载体。除此之外，美国法院通过判例还确认了计算机程序也能作为电影及其他视听作品的载体。① 由此可见，相对美国等国家而言，我国著作权法中并无关于物质载体的规定，这也从一定程度上说明，我国著作权立法中的不足之处，缺少必要的理论和概念工具。

三、视听作品的独创性要素比较

尽管独创性（originality）被著作权法学者冠之以首要的、先决条件、版权的实质、试金石、基石等名称，以表示独创性在著作权法中的重要地位，即独创性是作品受著作权保护的实质要件。但很少有人注意到，独创性问题其实是相对新近产生的问题，因为长久以来，普遍认为对“文学与艺术作品”的解释足以明确和界定著作权的客体，所谓作品的概念也是不证自明的，立法者也未曾意识到需要对独创性作进一步的说明。因此，包括《伯尔尼公约》在内的绝大多数国际公约都未用独创性来定义其所保护的客体，而是将其留给国内法。而大多数国内法在界定著作权法保护客体时，除了对临界作品（边缘作品）和衍生作品予以特别规定外，通常都将原创性要求从一般性规定中予以省略。②但仍有部分国家，如德国、西班牙、英国、爱尔兰、希腊等在版权法中将独创性作为客体受保

① Digital Communications Assoc. , Inc. v. Softklone Distrib. Corp. , 659 F. Supp. 449 (N. D. Ga. 1987).

② Ramon Casas Valles, “The Requirement of Originality”, *Research Handbook on the Future of EU Copyright*, Edward Elgar Publishing, 2009, pp. 104—107.

护的前提予以明确规定，我国《著作权法实施条例》对作品下定义时也规定了独创性要件，[①]因此在我国独创性同样是适用于视听作品的实质构成要件。下边笔者试对作者权体系和版权体系的独创性概念进行比较，并对其相互影响和融合的趋势进行分析。

（一）独创性要素的相同点

根据莱昂内尔·本特利和布拉德·谢尔曼的研究成果，尽管作者权体系和版权体系有关独创性要素存在诸多不同，但仍然存在许多相同点，至少包括以下几个方面：

第一，在作者权体系和版权体系中，独创性都旨在说明作者和作品之间的关系，即作品源于作者，而不论作品是否具有创新性或独特性。因此，在判断作品的独创性时，著作权法关注的是作者在创作作品过程中是否进行了投入（input），这在版权体系中称之为“劳动、技巧和努力”（labour，skill or effort），在作者权体系中则被称为“智力创作”（intellectual creation）。

第二，无论是作者权体系还是版权体系，独创性侧重于检验作品的表达形式，如字词的选择、色彩的运用等，也就是说在评估作品的独创性时，著作权法关注的是表达的独创性，而非思想观念本身的独创性。

第三，在作者权体系和版权体系中，演绎作品（derivative works）也能具有独创性。所谓演绎作品是指作者在已有作品的基础上经过翻译、改编、注释、整理而形成的作品，演绎也

---

① 参见我国《著作权法实施条例》第二条。

是一种创造性劳动。需要指出的是，即使演绎作品侵犯了在先作品的著作权，演绎作者仍然享有该作品的著作权。换言之，演绎作品可能既具有独创性，也具有侵权性。

第四，在作者权体系和版权体系中，独创性判断不可避免地受到特定的文化、社会和政治因素的影响，因此独创性标准会随着历史的发展而不断变化。例如，摄影和电影产生之初，都仅仅被看作是一种没有创造性的机械过程，但后来都被承认为具有独创性的作品。①

（二）独创性要素的不同点

1. 独创性标准的高低不同

在作者权体系中，作品被认为是作者人格的体现和延伸，因此保护作品就是保护作者人格。② 作者通过创造性的智力创造活动创作出作品，作品中就烙印上了作者人格，体现出了作者的个性，即作者的智力创造成果相对于已有作品存在某种程度的差异性。创造性构成智力创造成果与一般智力活动的本质区别，也是独创性标准的质的规定性。因个性而呈现出的智力创作成果之间的差异性，构成了作者权体系著作权保护客体需要满足的最低限度的独创性标准，这也体现了作者权体系对文化表达多样性的追求。

在版权体系中，美国的独创性标准主要是通过判例逐步形成并发展起来的，美国联邦最高法院在 1903 年的 Bleistein 案中最早对独创性标准进行了界定，认为评估作品艺术性并非版

---

① Lionel Bently, Brad Sherman, *Intellectual Property Law, 4th Edition*, Oxford University Press, 2014, pp. 93—95.

② 李琛：《知识产权法关键词》，法律出版社，2006，第 106 页。

权法职责也超出法官能力，只要作品是作者独立完成的，就具有独创性。独立完成自此成为美国版权法判断独创性的标准。①相对于作者权体系的独创性标准而言，美国司法实践中确立的独创性标准很低。直到 1991 年美国联邦最高法院在 Feist 案中最终改变了这一标准，法院认为独创性不仅仅要求作品来源于作者，不是对已有作品的单纯复制，同时还要达到最低限度的创造性，即使很少量的创造性就能满足有关独创性标准。② 正因此，美国著名版权专家 Paul Goldstein 才如此评价：Feist 案的判决对数字信息时代版权的保护是具有决定性意义的一个重要事件。③在英国，版权法最初注重于保护复制专有权，而不是作者基于创作所应当享有的权利，④其版权法关于独创性标准一直奉行的是“额头流汗原则”。⑤ 直到 1911 年英国版权法修改时才第一次对作品的独创性作出要求。

概言之，以英国、美国为代表的版权体系，因为对作品独创性标准要求比较低，类似边缘地带的视听产品大都被纳入视听作品范畴进行保护。相反，德国、法国等作者权体系对作品的独创性要求比较高，且认为作品是作者人格的体现，著作权不保护除个人智力创作（personal intellectual creation）以外的其他创作成果，因此作者权体系国家在狭义著作权之外，另外

① 金渝林：《论作品的独创性》，《法学研究》1995 年第 4 期。

② Feist Publication, Inc. vs Rural Telephone Co., Inc, 499U. S. (1991).

③ Paul Goldstein, "Copyright", Journal, Copyright Society of the U. S. A, Vol. 38, (3 / 1991).

④ 骆电、胡梦云：《作品独创性对著作权司法的影响》，《人民司法》2010 年第 21 期。

⑤ 吴汉东等：《知识产权基本问题研究（分论）》（第二版），中国人民大学出版社，2009，第 34 页。

设计了邻接权制度，对与作品创作有关，但又不满足独创性标准的劳动成果进行相应保护。①从以上关于作者权体系和版权体系有关独创性标准的简要比较可以看出，作者权体系和版权体系都是从质的和量的两个方面确定独创性标准。作者权体系要求作者创造性的智力创作活动在作品中体现出个性，从而使作者创作的作品较之前已有的作品体现出差异性；版权体系的独创性标准经历了历史发展演变，从一开始仅要求作品是由作者独立完成的，到后来要求最低限度的独创性标准。

2. 独创性概念的哲学基础不同

作者权体系之所以保护作品，是要通过保护作品来保护作者人格，因为正如前述，作者权体系认为作品是作者人格的体现和延伸。之所以有不同于版权体系的作品观念，是与人格权体系诞生之初的时代特征密不可分的。作者权体系初步形成于19世纪的欧洲大陆，时值洛克的劳动财产说影响减弱时期，而黑格尔的先验唯心主义哲学思想正值鼎盛时期，德国著作权理论自然而然借助先验唯心主义的理论，从主体人格的角度思索著作权的正当性基础，因此都从“人格之反映”的角度来阐释作品的本质。②而版权体系从一开始就尤为重视作品的经济价值，认为作品的创作者、投资者以及风险承担者，都应从作品中获得经济回报，以此激励对作品创作的投入，实现促进作品传播和文化发展的目的。

---

① Silke von Lewinski, *International Copyright Law and Policy*, Oxford University Press, 2008, pp. 58—59.

② 李琛：《质疑知识产权之“人格财产一体性”》，《中国社会科学》2004年第2期。

正是两个体系关于作品及独创性所具有的不同观念基础，决定了两者在法律保护模式方面的不同，突出表现在事实作品（如数据库）、功能性作品（如瑜伽、武术、体操动作编排）的归类保护上。在作者权体系中，这类作品不属于狭义著作权客体，而在版权体系中，这类作品具有经济价值，也符合独创性要件，因此是版权客体。

3. 作品构成要件的独创性标准与侵权判定标准的独创性标准不同

值得注意的是，在美国等国家的版权法中，作为作品构成要件的独创性标准与作为侵权判定标准的独创性是不同的。之所以如此规定，主要是因为其在作品认定中采纳了较低的独创性标准，致使在侵权诉讼中若以此独创性标准判断侵权作品是否构成“实质性相似”，则不利于打击侵权，因此美国在作品构成要件和侵权判定标准中采用不同的标准。两者的主要区别在于：从判定标准来看，前者的标准是作者的创作不是对既有作品的单纯复制，后者的标准是被告复制了被侵权作品；从比较对象来看，前者的比较对象包括仍在版权保护期的作品和已经进入公有领域的作品，即具有不特定性的现有作品，后者的比较对象是被侵权作品。[①] 美国等版权体系国家的双重标准，在作者权体系国家的著作权法中罕有采纳的。

（三）独创性要素的融合发展及趋势

整体而言，在美国等版权法体系国家，对作品独创性标准的要求相较于作者权体系国家而言，普遍偏低，即作品只要来

① 金渝林：《论作品的独创性》，《法学研究》1995 年第 4 期。

源于作者不是复制已有作品而来，就符合独创性要求，可以说是一种主观标准。而在德国等作者权体系国家，根据学说和判例所确立的标准，作品必须达到一定的创作水准，而不是人人皆可为的普通的东西，必须达到某种最低的创作水平，即所谓“一枚小硬币的厚度”，是一种从外部看起来的客观标准。尽管存在上述独创性判断标准的区别，但两个体系正在慢慢靠拢。一方面，美国联邦最高法院在1991 年 Feist 案中已对其在1903 年 Bleistein 案中确立的“独立完成”标准进行修正，要求受版权保护的作品必须具有某种最低程度的创造性，但这个最低程度要求很低。另一方面，因欧盟框架内著作权法协调统一进程的推进，这种“创作水准”正在逐渐让步于“提高竞争法保护标准、降低著作权在小硬币方面的保护要求”，如欧盟《保护期指令》第6条、《数据库保护指令》第3条以及德国著作权法第69a条关于计算机程序的规定，这三类只要具备最低程度的创造性，就能符合独创性标准。① 独创性是一个可变的概念。在事实作品和功能作品的压力之下，独创性进行了渐次改变，将艺术作品与事实作品、功能作品进行区分，并彼此相互独立开来。② 笔者认为，这是现代著作权法为适应社会发展需要，在其传统保护范围扩大到数据库、计算机程序等新型客体后，对独创性标准所做的必要调整。

对独创性标准在著作权法中的地位和发展趋势问题，布拉德·谢尔曼、莱昂内尔·本特利在对历史进行考察后指出，前

① 雷炳德：《著作权法》，张恩民译，法律出版社，2005，第116页。

② Estelle Derclaye, *Research Handbook on the Future of EU Copyright*, Edward Elgar Publishing, 2009.

现代时期的知识产权法在对无体财产进行正当化作业时，倾向于寻求古典法学理论的学术资源，相比而言，现代的知识产权法在解释无体财产正当性问题时，则更多使用功利主义的概念。所以，立法不再试图通过独创性标准界定作品，而是将更多的关注焦点放在作品所体现的经济价值和效益，而非作品中的劳动或创造。易言之，立法开始将关注焦点从特定对象所具有的劳动问题，转移到特定对象本身的经济价值，以及其对社会知识进步和国民经济发展的贡献。①

四、小结

从比较法的角度分析视听产品法律保护模式，我们可以看到各国在用著作权法律制度保护视听产品方面既有相同之处又存在诸多差异，这主要源于其背后的价值目标取向、深层哲学基础、法律制度传统和理论研究方法的不同。从价值目标取向来看各国基本是相同的，即普遍是通过保护著作权人私权的方式来实现激励创新和产业促进的社会文化经济目标；从哲学基础来看，各国之间存在差异，作者权体系认为作品是人格的外化和延伸，保护作品是为了保护人格，因此重视对作品作者的精神权利的保护，只有作为自然人的创作者才能成为原始作者，而版权体系重视作品中蕴含的经济价值，承认法人版权。从法律制度传统来看，各国之间存在明显不同，作者权体系坚持的是狭义著作权和邻接权两分的二元立法模式，狭义著作权

---

① 布拉德·谢尔曼、莱昂内尔·本特利：《现代知识产权法的演进·英国的历程（1760—1911）》，金海军译，北京大学出版社，2006，第207—208页。

保护的是具有独创性的智力创作成果，即作品，法律保护水平较高，邻接权保护的是作品之外的与文学艺术作品创作相关的劳动、投资，一般而言保护水平较作品偏低。从作为核心理论的独创性理论来看，作者权体系坚持较高的独创性标准，要求受著作权保护的作品必须达到一定的创作水准，如德国坚持的是“一枚小硬币厚度”的客观标准，而版权体系独创性标准较低，创作成果只要是创作者独立完成的体现最低限度的独创性即可作为作品保护。随着现代版权法的发展和国际规则协调的推进，作者权体系和版权体系国家著作权法的制度规则、独创性标准等都相互学习借鉴，呈现出相互融合和趋近的发展态势。整体而言，我国是作者权体系传统的立法模式，独创性标准相对较高，坚持的是视听作品和录像制品两分立法模式，前者是狭义著作权客体，后者是邻接权客体，前者保护的是作者的创作，后者主要保护的是企业的投入，法律保护水平和机制有差别。

第三章 视听产品法律保护模式的法理分析

本章是关于视听产品法律保护模式的正当性的研究，重点结合法学理论的基本原理，从价值、规范和事实角度分析视听产品法律保护模式的正当性基础，从法律继承移植和法治现代化的视角研究视听产品法律保护模式演变的一般规律，从立法体制和法律渊源角度出发探讨视听产品法律保护模式发展的不同路径。本章提到的坚持实用主义权利观和坚持知识产权法定主义的观点，对于应对视听产品法律保护的立法和司法难题，以及构建动态多元的视听产品法律保护的理论和制度体系至关重要。

一、视听产品法律保护模式的正当性基础——价值、规范和事实

关于法律的正当性的论证，有着不同的理论进路，因此也形成了三大主要法学流派，即自然法学派、分析实证法学派和社会法学派，分别从价值、规范和事实角度对法律的正当性基础进行论证。这为我们分析视听产品法律保护模式问题提供了不同的理论视角。

（一）法学研究的价值、规范和事实层面

1. 自然法的价值论视角

从古希腊、古罗马，到中世纪，再到资产阶级革命时期，

以至当代，自然法的思想绵延不衰，各个时期的观点虽有不同，但都认为在国家制定法之上存在着一种更高的法，即自然法。从古至今，自然法可大致分为自然主义自然法、神学主义自然法、理性主义自然法和新自然法。（1）自然主义自然法，古希腊、古罗马学者多从自然现象、自然秩序出发寻找法律的正当性基础，主张一切制定法都要符合自然秩序；（2）神学自然法，中世纪神学家认为自然法是上帝的意志，认为法律是人类堕落之后的产物，用原罪来解释法律的起源。（3）理性自然法，伴随着文艺复兴、宗教改革和资产阶级革命，自然法从人的永恒理性出发，发展出了一系列关于自然状态、自然权利和社会契约的理论，对后世产生了深远影响，如洛克、卢梭等人主张制定法应保护个人自由和人权的思想，成为自然法发展的主流；霍布斯等人主张个人自由需服从主权者命令的观点，成为十九世纪分析法学派的思想渊源；孟德斯鸠等人则强调法的精神蕴含于法与其他事物的联系之中，强调自然环境、民族习俗、经济条件以及政治制度等对法的影响作用。① （4）新自然法，即自然法的复兴，这一时期法学家开始反思二战对人权的践踏以及分析法学关于主权者的命令的“恶法亦法”观点，一方面主张人权对国家权力的制约作用，认为法律实证主义是法西斯滥用国家权力的根源之一，主张民众可以不受“非法的法律”约束；另一方面主张法对道德的依赖性，例如德沃金提出“作为整体性的法”的观点，认为法的概念不仅

① 朱景文：《法理学》（第三版），中国人民大学出版社，2015，第406页。

包括规则，而且应当包括原则和政策。① 再如，富勒提出的法律的内在道德，包括法律的一般性、公开性、非溯及既往、法律的明确性、避免法律中的矛盾、法律不应要求不可能实现的事情、法律的稳定性、官方行为与法律的一致性等，富勒认为法律缺少任何一方面，都会导致一个根本不宜称为法律制度的东西。② 总之，各个时期的自然法，都从价值角度来论证法的正当性，虽然价值的来源不同，如自然秩序、神的意志、永恒理性、人权和道德，但都认为国家的制定法应符合一个更高的法，即自然法。

2. 分析实证法的规范视角

十九世纪下半叶开始出现的分析实证主义法学，反对一切形而上的思辨和寻求终极真理的做法，认为只有实在法，即国家制定的法律规范才是法律。分析法学的特点集中体现在以下三方面：（1）区分“应然法”和“实然法”，主张法学是研究实在法的科学，不应考虑价值因素。（2）对法律规范的分析，这是贯穿分析法学的一个主要特征，也使得法学真正发展成为一门独立的学科。奥斯丁从经验归纳中得出法律体系共通的基本概念，如法、权利、义务、损害行为等。凯尔森把法与经验事实相分离，从先验结构推出纯粹的规范的等级体系。③ 哈特的新分析法学则以语言分析哲学为基础，将法律规则分为两类：一类是主要规则，涉及个人必须从事或不从事的行为，另

---

① 林立：《法学方法论与德沃金》，中国政法大学出版社，2002，第14页。

② L. Fuller, *Positivism and Fidelity to Law—A Reply to Professor Hart*, 71 Harvard Law Review, pp. 650—652.

③ 凯尔森：《法与国家的一般理论》，沈宗灵译，中国大百科全书出版社，1996。

一类是次要规则，是关于主要规则的规则，包括承认规则、改正规则、审判规则，这三类次要规则分别用来克服主要规则的不确定性、静态性和无效性。（3）法是主权者的命令，法律命令说认为真正严格意义上的法是主权者发布的命令。但后期以哈特为代表的新分析法学家，则对法律命令说进行了必要修正，认为在法与国家关系问题上，不仅要看法对国家的依赖性，也要看到国家对法的依赖性，国家必须在法律规定的范围内活动。①

3. 社会法学的社会与法互动的视角

法社会学的研究重点包括三个方面：（1）研究“行动中的法”，社会法学将法区分为“书本上的法”和“行动中的法”，并重点研究在国家制定法之外，在现实生活中实际起作用的规则，同时将法的概念的中心从规则转移到行为，转移到立法、审判、行政等的实际法律活动。（2）法律多元主义，认为法是一种有强制力的、有特殊机制保障的行为规则，不仅包括国家制定法，还包括许多社会组织的行为规则，如校规、教规等。（3）法与社会的关系，尤其关注社会关系对法的制约作用，关注法律的社会化。例如，庞德认为中世纪之前的法律强调义务及对国家权力的服从。之后，随着天赋人权观念兴起，法律更强调个人权利和自由。而自二十世纪后，法律在强调保护个人利益的同时，更关注保护社会利益。

总之，自然法学将法与道德、正义等相联系，强调从价值

① 朱景文：《法理学》（第三版），中国人民大学出版社，2015，第408—410页。

层面研究法应实现的目的；分析法学强调对法律规范的解释、分类及结构研究，重在研究规范本身；社会法学更多地关注法的实际运行，重在研究法的事实层面。不同学派对价值、规范、事实的关注，对我们构建视听作品版权保护客体制度具有一定的启示意义。

（二）视听产品法律保护模式的价值、规范及事实层面分析

1. 视听产品法律保护模式的价值基础

关于著作权权利正当性问题，存在着诸多权利学说，其中有两种代表性理论：一种是劳动财产说，具有强烈的自然法思想和观念，典型观点如在著作权法没有明文规定的情况下，法官应根据劳动产生财产权的精神，适用传统民法的其他制度为创造者创设新的权利，使利益的创造者享有该利益。另一种是实用主义财产说，认为著作权法保护特定客体，创设一定权利，是为了激励作者创作，促进文学艺术的发展。有学者分析认为，因著作权是以智力创作成果，即作品为其保护客体。与有形财产相比，无形财产具有使用上的非竞争性，同时因为文学艺术和科学领域的创新不断，因此著作权法的时滞性较其他法律表现得更为突出。我国知识产权立法虽坚持的是实用主义的财产权利说，但部分法院在审判中坚持的是一种劳动财产权说，实践中有突破法律规定，扩充保护客体范围，扩大权利权能的倾向，背离立法精神，使著作权法的利益平衡机制遭到破坏。①若以此为研究视角，在视听作品的有关立法和司法中，

---

① 崔国斌：《知识产权法官造法批判》，《中国法学》2006 年第 1 期；李扬：《知识产权法定主义及其适用》，《法学研究》2006 年第 2 期。

应贯彻一种法定权利的观念，对法院尤其是基层法院在审判实践中的创新抱持一种审慎的态度。①

当前我国将知识产权战略作为国家战略，出台多个文件进行相应战略部署和安排，因此加强知识产权保护已成为国家的主流话语，并逐步成为社会共识和主流话语。诚然，知识产权制度是激励创新的有效制度机制和政策工具，对我国这样一个具有创新能力的后发国家而言同样如此。但是，作为一项政策，知识产权制度必须与本国的社会经济发展水平相适应，正如美国曾脱离国际知识产权规则体系达百余年之久，最后于1989年才加入最主要的《保护文学艺术作品伯尔尼公约》一样，发达国家的知识产权保护也曾经历由弱变强、由选择到全面的过程。②因此，在进行我国知识产权法律制度建构和政策立场选择时，一定要以我国相应产业发展水平和客观实际为出发点，以发挥激励创新和产业发展为价值基础和原则，在符合国际公约的最低保护原则的基础上，进行相应的制度设计和政策考量，秉持实用主义的价值原则，理性地看待和反思作为主流话语的“加强知识产权保护”政策口号，这对视听产品法律保护模式的理论和制度建构而言，同样至关重要。但是在我国实施知识产权国家战略的语境下，加强知识产权保护代表着

① 如北京市朝阳区人民法院在审理一起体育赛事节目网络转播案件中，创造性地因赛事录制形成的“画面”符合作品独创性的要求，将其认定为作品。判决虽然没有对体育赛事节目是否构成视听作品进行直接认定，但无疑也是对既有法律关于“电影作品和以类似摄制电影方式创作的作品”概念的突破。参见北京市朝阳区人民法院民事判决书（2014）朝民（知）初字第40334号，该判决引发了各界的广泛争论。

② 吴汉东：《知识产权法的制度创新本质与知识创新目标》，《法学研究》2014年第3期。

为大写的正义，在有关政策文件中，鼓励知识产权创造似乎成了鼓励科学技术创新和文艺作品创作的同义语，科技创新成果被等同于专利，文学艺术作品被简单对应于著作权法上的作品。这种对私权保护的强调，以及媒体舆论的引导，容易让人忽视著作权法及其他知识产权法的多元价值目标，对此，应该保持一定的理论清醒和理性反思。正如学者研究指出的："知识产权制度的合理性，并不仅在于为知识财产提供私权保护，而在于实现知识创新、社会进步的政策目标。"①

2. 视听产品法律保护规则的自足与不足

在规范法学的理论视阈内，法律是由不同概念和法律规则构成的逻辑自足的严密的体系，法官判案只需要在既有案件事实的基础上，运用三段论的形式逻辑推理就能得出法律的"唯一正确答案"，因此有人形象地将这种法律适用和裁判方式称为法律的"自动售货机"。但是，正如新分析法学派的代表人物哈特所言，概念是有其核心和边缘的部分，就像糖果这个概念，当考虑到现实中的不同情况时，如冰糖、口香糖、巧克力等，这个简单的概念似乎也不是毫无争议。法律概念和规则同样也是如此，比如视听作品概念，典型的如电影、电视剧、纪录片等，纳入视听作品概念范畴已无争议，但是对体育赛事节目、电视新闻、短视频、视频游戏画面等，或因独创性不足，或因著作权关于时事新闻的例外规定等问题，要想将其纳入视听作品概念范畴，就没有想象中那么容易。但是，就像

① 吴汉东：《知识产权法价值的中国语境解读》，《中国法学》2013 年第 4 期。

一句有名的法彦所说，法官不能拒绝裁判案件，当法官遇到此类疑难案件时，就面临着如何适用和解释既有法律规则的难题。对此，德沃金①认为法律不仅包括法律规则，也包括原则和政策。原则是法内标准，即法的本身，政策则是关于社会利益和政治因素的考量。德沃金认为法官面临疑难案件时，就不得不通过规则之外的原则。与法律规则不同，法律原则有着“重量之维”，因为原则的概括性、包容性，不同的原则可以在同一案件中适用并达到平衡，而法律规则只有质的维度，只存在适用或不适用的情形，而不存在适用多少的问题。

法治是规则之治，这是法治优于人治的本质特征。法是一种普遍适用的规则，以权利义务为主要内容，以国家强制力为保障，为人的社会行为提供规则指引，提供一种行为预期，因此法的上述特性决定了法律制度本身必须保证一定的稳定性，这是人类对秩序需求的体现，秩序意味着某种社会进程的连续性、行为的可预期性。同时，相对于法本身所具有的稳定性，其所旨在调整的社会生活却总是处于变化中，因此法律又必须面向社会生活实践保持适当的动态变化的品格，维持其所应该具有的妥当性，这是人类对正义需求的体现。事实上，法学理论的研究所做的努力尝试从某种程度上而言都是为了在法的稳定性和妥当性之间实现某种平衡，体现法治在秩序和正义之间的价值追求。例如，新自然法，即复兴自然法学派代表人物富

---

① 德沃金是哈特的学生，尽管德沃金在一定程度上批判哈特关于法律规则的理论，但哈特仍然认为德沃金是其最得意的弟子。对德沃金，有些学者认为其属于规范法学派，因为德沃金写了许多关于法律规则的论著，但也有学者认为德沃金属于自然法学派，因为他将道德和政策因素纳入了法律研究范围。

勒关于法的内在道德和外在道德区分，新分析法学派代表人物哈特关于主要规则和次要规则的区分，法社会学关于法与社会互动的观念等，尽管理论研究视角不同，但都是为了实现法的稳定性和妥当性之间的平衡，满足人类关于秩序和正义的需求。因此，对视听产品的法律保护制度而言，视听作品核心概念和规则应该界定清楚，并维持其稳定性，因为视听产业整体经济效益目前主要来源于电影、电视剧等传统类型的视听作品，维持视听作品概念的稳定性，有利于电影版权开发中对市场预期的维护，同时视听产品法律保护制度也应该面向视听产业实践创新具有一定的开放性。更多的时候，法律的保护不是“有或无”的问题（要么对视听作品予以高保护，要么不保护），而是“多或少”的问题（视听作品、录像制品、反不正当竞争所构成的制度体系）。视听产品法律保护体系的构建应该提供这样的制度空间，以体现制度本身所应有的秩序和正义价值。

3. 视听产品法律保护制度的社会妥当性

美国加州大学伯克利分校“法与社会研究中心”的学者诺内特和塞尔兹尼克运用社会科学的方法，通过对十个法律变量的考量将从古至今的法律形态划分为三种，即压制型法、自治型法和回应型法。这十个法律变量分别是法律的目的、正当性标准、法律规则、法律推理、自由裁量权、强制手段、道德、政治权力、对服从的期望以及法律参与。对压制型法而言，法律整体上表现为压制性权力工具，自治型法是法律能够控制权力并维护自身的完整性的法律秩序形态，而在回应型法的视域内，法律总体上特别注重对多元社会的各种需要和期望的回应，并据此确立和建构自己的正当性基础。[①]若以回应型法所提供的法律变量为理论模型和参照，我们可以对视听作品客体制度进行如下分析：视听作品版权保护客体制度的立法目的既要保护创作者的权利，同时要兼顾传播者、使用者的利益，实现一定的利益平衡；视听作品版权保护客体制度的正当性基础，在于通过制度的有效运行实现激励创新和产业促进的社会发展目标；视听作品概念和规则，既明确具体，又具有一定的包容性，为涵盖未来产业发展所产生的新型视听作品预留出可能空间；视听作品的司法适用标准的统一性得到维护，法官自由裁量权及突破法律规则的创新冲动受到必要的限制，立法之外的规则发展主要通过规范性司法解释和指导性案例制度实现；社会公众对视听作品及其他相关制度的功能有理性认知，不会一味追求狭义著作权的高标准保护。

从此前关于著作权法立法目标的比较法研究可以看出，各国虽然法律体系和立法模式有所不同，但都坚持着著作权法的多元立法目标，即在保护创作者私人权利的同时，将促进文学艺术科学的发展以及实现创作者、传播者和公众之间的利益平衡作为立法宗旨和制度目标。因此，对视听作品的立法选择，尤其是关于边缘视听产品的著作权客体定性，无论是将其作为视听作品适用狭义著作权的保护，还是将其定性为录像制品适用邻接权的灵活保护，抑或从行为规制和维护市场竞争秩序角度出发适用反不正当竞争法保护，客体定性问题实质上是保护

① P. 诺内特 P. 塞尔兹尼克：《转变中的法律与社会：迈向回应型法》，张志铭译，中国政法大学出版社，2004，第 18 页。

方式选择问题。此时，应当立足于实现著作权法的多元化立法目标，不应一概片面地强调权利人私有财产权益的保护，而应兼顾社会文学艺术发展的目标。此外，还应看到，学界关于著作权具体规则的研究，关于包括著作权法在内的整个知识产权法原则及总论的研究尚且薄弱，大多数的知识产权法和著作权法教材及著作对著作权的原则问题都付之阙如。刘春田教授曾将著作权法及著作权保护的原则概括为以下三项，即以维护作者权益为核心的原则，作者或著作权人利益与国家利益、社会公众利益协调一致的原则，符合著作权国际保护基本准则的原则。①

二、视听产品法律保护模式的发展变革

（一）法律移植和继承视角下的视听产品法律保护模式问题

1. 视听产品法律保护制度的移植及评价

法律移植是法律发展的常态，② 法律移植与广义“立法”活动是同质的，③ 这一法律概念被用来指称一个国家或地区对其他国家同期法律制度的吸收和借鉴。法律移植之所以可能，是因为作为上层建筑一部分的法律制度，本身具有相对独立性，同时各国虽然国情不同，但在社会经济发展中都会碰到相

① 江平、沈仁干等：《中华人民共和国著作权法讲析》（中华人民共和国司法部、国家版权局著作权法培训班教材），中国国际广播出版社，1991，第92—117页。

② 王晨光：《法律移植与转型中国的法制发展》，《比较法研究》2012年第3期。

③ 刘星：《重新理解法律移植：从历史到当下》，《中国社会科学》2004年第5期。

同或类似问题，需要进行法律规制。法律移植可以避免法律发展中的经验爬行主义，对先进立法经验的比较、借鉴和吸收，能够使本国相关法律制度实现较快发展。①

（1）著作权法移植视听作品的情况

早在北洋政府1928年《著作权法》立法中，我国就借鉴并移植了1908年《伯尔尼公约》柏林文本确立的关于电影作品间接保护的制度，即在戏剧作品和摄影作品名下对电影进行保护。为落实中美贸易谈判承诺，1990年《著作权法》在学习借鉴德国、日本、法国和美国等制度先进国家的立法经验的基础上，对“电影、电视、录像作品”进行了规定，也在邻接权中规定了录像制品及录像制作者权，以此确立了狭义著作权和邻接权的二元保护模式，即同时规定电影作品和录像制品，并以独创性的有无作为二者的区分标准。时任新闻出版署版权司沈仁干司长评价这部著作权法，名称和形式上采用大陆法系的立法原则和精神，实质内容大量借鉴英美法系的原则。②我国于1992年正式加入《伯尔尼公约》，又于2001年成为世界贸易组织成员。为在国内法中落实TRIPS的有关规定，2001年我国对《著作权法》进行了第一次修正，将“电影、电视、录像作品”的表述修改为与《伯尔尼公约》相同的表述，即“电影作品和以类似摄制电影的方法创作的作品”。2020年《著作权法》第三次修正时，在借鉴学习其他国家立

① 朱景文：《当代中国立法中的法律移植》，《河南省政法管理干部学院学报》2006年第4期。

② 沈仁干：《著作权法的制定和立法精神》，载最高人民法院著作权法培训班编《著作权法讲座》，法律出版社，1991。

法经验的基础上，同时也为使概念能容纳新技术发展产生的新的视听作品类型，如以电脑技术制作的动画片、FLASH 等，正式引入了“视听作品”的法律概念。①

(2) 视听作品法律移植的效果评价

我国视听作品相关制度是在借鉴和移植《伯尔尼公约》及其他国家立法基础上建立和发展起来的，但法律移植过程中忽视了理论及法律体系的统一。我国是著作权法律制度后发国家，因此有许多国家先进的立法例和成功经验可供学习借鉴，这是我国著作权法律制度建设发展的一个比较优势。同时，因为国外各个国家的法律制度传统和立法体制不尽相同，存在着以大陆法系国家为主的作者权体系和以英美法系国家为主的版权体系，各国在具体的制度设计上各有不同和侧重，因此对我国而言，如何选择和移植国外的具体制度就变得尤为重要。但是，在借鉴移植的过程中，我国向来所秉持的是一种实用主义的拿来主义，可以说中国的著作权法是一件“百衲衣”，只不过因为没有一以贯之的理论和立法宗旨的支持，而使得著作权相关制度以及各制度之间缺乏必要的协调统一。

具体到视听作品制度，德国、意大利等大陆法系国家采取的都是“两分法”的立法模式，在“电影作品”之外，还规定了“不作为影视作品保护的活动影像”或“录像制品”，前者是著作权的客体，后者是邻接权的客体。而美国、英国等版权体系国家则不存在这种区分。与视听作品制度相似，其他具体著作权制度，如摄影作品等，两个体系在各自的制度设计方

---

① 参见 2020 年《著作权法》第 3 条第 6 项。

面都有着不同之处。①但对摄影作品，我国著作权法却没有坚持这种立法模式，即未对摄影作品和普通照片进行区分，而是借鉴美国等版权体系国家的做法，对有独创性的摄影作品和无独创性的普通照片都适用著作权进行保护。所以，我国在移植过程中，不但要重视具体规则的学习借鉴，还应当看到具体制度规则背后的立法精神，以及移植过程中各不同制度规则点之间的逻辑联系，尽量避免因制度移植造成著作权法内部体系的不统一和逻辑混乱。但现实情况是，这种制度和规则之间逻辑矛盾较为突出。正如有的学者评价的，我国著作权法立法学习和借鉴了不同法系国家著作权法的法律理论和立法制度，两种立法模式并无高低优劣之分，重要的是无论借鉴哪种立法例，都应一以贯之，避免因零敲碎打地借鉴使条文之间产生逻辑矛盾。②

2. 视听产品法律保护制度的继承

(1) 法律继承的一般性

根据马克思主义法学原理，法律制度作为上层建筑的组成部分，具有一定的独立性，其独立性表现在两个方面：一是法律制度对经济基础的反作用，以及法律制度与其他上层建筑如政治、道德等之间的相互作用；另一个表现就是在历史发展过程中，不同类型法律制度之间存在的历史连续性和继承性，尤

---

① 如《德国著作权法》在第一部分著作权中于第 2 条第 1 款第 5 项规定了“摄影作品及与摄影作品类似方式创作的作品”，同时又在第二部分邻接权中于第 72 条规定了“照片及以类似照片方式制作的产品，准用第一部分适用于摄影作品的规定而受保护”。

② 王迁：《著作权法借鉴国际条约与国外立法：问题与对策》，《中国法学》2012 年第 3 期。

其在民商事法律领域表现较为突出。法的继承既包括具体法律规则的继承，也包括法律技术、法律精神和法学理论的继承。法律发展过程中的法的继承性特征，是社会生活连续性的体现，即使在革命时期亦是如此，历史的发展不是跳跃式前进，而是螺旋式上升。这也是自孟德斯鸠开始，对社会环境、民族风俗等法外因素对法的制约影响作用进行关注的原因，这也构成之后历史法学派的主要理论进路。① 比较法学者勒内·达维德指出，立法工作虽然重要，但法律不可能在短期内改变人们长久以来形成的习惯和看法。②法的继承性的理论，对当代中国国家主导的自上而下的，通过国家立法推进法律制度变革发展的法律发展方式具有一定的启发意义。

（2）视听作品法律制度的继承情况

清政府在借鉴《伯尔尼公约》内容的基础上，于 1910 年颁布《大清著作权律》，成为中国历史上首部保护作者权利的法律。之后，虽经“改朝换代”，但 1915 年《北洋政府著作权法》也基本沿袭了《大清著作权律》的框架和内容。1928 年颁布的《中华民国著作权法》及其实行细则也不同程度继承了之前的著作权法，并首次对电影作品进行了规定。③ 但 1928 年的《中华民国著作权法》及其实行细则是在剧本和照片项下对电影的著作权进行保护。这是对 1908 年柏林文本相关规定的借鉴，即剧本作者有权许可他人通过拍摄电影的方式

---

① 孟德斯鸠：《论法的精神》，许明龙译，商务印书馆，2012。

② 勒内·达维德：《世界主要法律体系》，漆竹生译，上海译文出版社，1984，第 467 页。

③ 沈仁干：《著作权法的制定和立法精神》，载最高人民法院培训班编《著作权法讲座》，法律出版社，1991。

对剧本进行复制或公开展示，同时如果最终电影作品体现了个人和创作性特征，则该电影作品就能作为文学或艺术作品进行保护。直到1944年《中华民国著作权法》及其实行细则，才在继承1928年法律规定的基础上，首次在法律条文中直接对电影作品进行规定，将“发音片、照片或电影片”明确列为著作权法保护客体，即著作物。① 新中国成立后，曾出现过全面废除“六法全书”的主张和动向，但我国最高立法部门在研究之后，认为民事方面的制度可以继承，因此民事领域内的许多规则被保留下来。就视听作品著作权立法而言，在《著作权法》第三次修正过程中以及司法实践中出现的问题，如立法中取消录像制品的动向等，恰恰是忽视了法律继承的重要性。具体表现为，立法上并没有审慎评估取消录像制品对学说体系统一性的影响；司法实践中，没有一以贯之地运用狭义著作权与邻接权分立的方式裁定案件；学术讨论上，部分学者未能对既有研究成果予以充分考察，在对权利人利益最大化和保护私权的片面关注的情况下，盲目对视听作品制度进行照搬和移植。

（二）法治现代化和全球化视角下的视听产品法律保护模式问题

1. 法治现代化视角下的视听产品法律保护模式问题

法治现代化是研究法律发展和变革的一个理论视角，其基本理论特征是以“传统与现代”两分为视角，对特定国家的

---

① 参见《中华民国33年（1944年）4月27日公布修正著作权法》和《中华民国33年（1944年）著作权法实行细则》，载《中国百年著作权法律集成》，中国人民大学出版社，2010，第23—27页。

法律制度的变革背景、过程、内容和目标进行分析。值得警醒的是，法治现代化不是单线进化，更不是全盘西化，不存在所谓的法律制度发展的最终理想模板。中国法治现代化的特征表现在以下几个方面：从发生原因来看，兼具自然演变和外来刺激的因素；从推进过程来看，体现出反复和曲折性，不仅有现代对传统的批判及否定，同时还有不同现代形态下法治模式之间的博弈；从组织方式来看，体现了国家自上而下的推动、系统地变法改制的特征。①

以法治现代化为理论视角，分析我国视听作品的版权客体制度，我们可以发现以下特征：首先，从视听作品著作权制度变革的历史起点来看，我国有作者权体系的立法传统，坚持的是狭义著作权与邻接权两分的制度模式，1990 年、2001 年和 2020 年著作权法都同时规定了视听作品（电影、电视、录像作品；电影作品和以类似摄制电影的方法创作的作品）和录像制品，并以独创性的有无作为区分两者的标准；其次，从动力机制来看，当前我国视听作品客体制度的变革，主要是内生型的，即视听产业的快速发展及不断创新，产生了许多新的边缘视听产品类型，需要在法律制度框架内对其进行规范；再次，从变革目标来看，虽然存在不同的制度类型可供借鉴，如德国区分电影作品和动态画面，美国则适用作品进行一体保护（有些作品在德国法中仅构成动态画面，而不构成作品），英国则通过保护载体的形式对电影作品进行保护，但并不存在一个所谓线性进化的理想目标或统一样本，需要立法者充分审视

① 朱景文：《法理学》（第三版），中国人民大学出版社，2015，第 201 页。

我国既有的立法传统，立足中国蓬勃发展的视听产业现实，在参考其他立法例的基础上，创造性、前瞻性地设计出符合中国国情的视听作品客体制度；最后，从时代背景来看，当前处于法律全球化时代，我国也加入了《伯尔尼公约》、TRIPS 等国际著作权及邻接权条约，这些条约对成员国设定了最低保护标准，因此我国的视听产品法律保护模式的选择和确立需要符合公约规定的有关最低保护标准。

2. 法律全球化视角下的视听产品法律保护模式问题

法律全球化是经济及其他领域全球化在制度上的表现，体现为相关规则的一体化、趋同化。法律全球化有两种方式：一是国际法的国内化，指的是有关国际条约或公约内容，被成员国所接纳，从而转变为对本国具有法律拘束力的规则，是一种较强意义上的法律全球化形式。二是国内法的国际化。有学者分析认为，近代以来，国内法的国际化这种形式的法律全球化曾出现过两次：一次是在私法领域，十九世纪中叶以来从欧洲开始扩展到世界的仿照法国民法典和德国民法典的编纂法典运动；另一次发生在公法领域，二战后在欧美兴起并扩展到其他国家，以建立宪法法院、宪法委员会和司法审查制度为主要标志。①

若以法律全球化为视角分析视听作品的版权保护问题，我们可以看到，电影产业从产生和发展之初就展现了其作为全球化产业的特质，因此有关规则的国际协调开展得较早。1908

① 朱景文：《法理学》（第三版），中国人民大学出版社，2015，第 202—206 页。

年《伯尔尼公约》柏林文本首次对电影作品的保护进行了规定，确立了在戏剧作品和摄影作品名下进行间接保护的模式，之后各成员国在国内法中进行了转化和落实。1948 年《伯尔尼公约》布鲁塞尔文本将电影作品单列成为一种独立的著作权客体类型，之后各国立法不同程度进行了跟进。同时，在《伯尔尼公约》体系之外，世界知识产权组织、联合国教科文组织、世界贸易组织等国际组织也在各自的条约框架内，通过示范法、条约缔结等方式推进视听作品规则的国际协调和统一。除此之外，美国贸易委员会为了维护其影视产业在国际上的商业利益，通过各种双边协议和协调机制等，如在美国的强烈要求下，中美商贸联委会①已连续几年就电影版权保护等议题进行磋商和协调，促进视听作品著作权保护规则的协调，这些都充分体现了视听作品著作权制度规则的全球化发展态势，美国学者弗里德曼称之为“现代法律文化正在征服世界”的现象。②

在著作权规则现代化、一体化潮流推动下，作者权体系和版权体系这两大体系之间相互融合、渗透，呈现出全球化的趋势。随着 1989 年美国加入《伯尔尼公约》，以及中国 1992 年的加入，作者权体系和版权体系的主要国家都成了《伯尔尼公约》和《世界版权公约》的成员国，这为现代著作权法的一体化奠定了基础。各国在制定及修改本国国内著

① 中美商贸联委会始于 1983 年，两国间最高层次的双边经贸磋商机制，号称中美贸易摩擦的“灭火器”。

② 吴汉东：《知识产权法律构造与移植的文化解释》，《中国法学》2007 年第 6 期。

作权法律时，有责任、有义务遵守著作权保护的国际规则，在国内法中落实《伯尔尼公约》等公约规定的最低限度保护标准。同时，现代著作权法的精神更加重视在保护作者和权利人利益的同时，促进作品的更广范围传播。基于此，两大体系在著作权立法中都采纳了作品利益均衡协调和著作权有限保护的原则，以协调创作者、传播者及使用者之间的利益。

三、司法在视听产品法律保护模式形成中的作用

（一）司法解释在视听产品法律保护模式形成中的作用

我国是成文法传统的国家，是立法性法律体系，以宪法为核心的各种制定法是我国的主要法律渊源。法律渊源，又称法的渊源，是法理学尤其是立法学上的一个重要概念，指法的效力来源，包括法的创制方式和法律规范的外在表现形式。① 根据《宪法》和《立法法》的有关规定，我国社会主义法的基本渊源包括宪法、法律、行政法规、地方性法规、自治条例和单行条例、规章、特别行政区的法源、军事法规和军事规章、国际条约。当前我国著作权法律制度是由一法、六条例、八个国际公约或条约以及部分部门规章构成的制度体系。其中与视听作品著作权保护有关的法律、行政法规和国际条约包括：（1）一个法律，即《著作权法》；（2）三个行政法规，即《著作权法实施条例》《实施国际著作权条约的规定》《信息网

① 朱景文：《法理学》（第三版），中国人民大学出版社，2015，第233—236页。

络传播权保护条例》；（3）六个国际公约或条约：《保护文学和艺术作品伯尔尼公约》《联合国教科文组织世界版权公约》《世界贸易组织与贸易有关的知识产权协议》《世界知识产权组织版权条约》《视听表演北京条约》以及《关于为盲人、视力障碍者或其他印刷品阅读障碍者获得已出版作品提供便利的马拉喀什条约》。

此外，如同多数国家一样，我国的最高人民法院也发挥着类似于立法的政治功能，① 即最高人民法院可以对审判中涉及的具体应用法律的问题进行解释。最高人民法院的这一权力来源于全国人大常委会授权。②在我国，最高人民法院的司法解释，既不同于普通法系的法官就具体案件裁判对法律所做的解释，也不同于大陆法系法官只能作为具体案件的立法者的规定，我国最高人民法院的法律解释是一种抽象性的规范性司法解释，③其效力应等同于被解释的具体法律条文。④我国的最高人民法院制定并公布的规范性司法解释，在某种意义上起着法律渊源的作用，司法机关可以援引作为裁判依据，这被学者称为次要的法律渊源。就规范性司法解释的形式，有学者认为包括最高院的规范性司法解释和个案批复。⑤ 但也有学者分析认为，我国最高司法机关制定规范性司法解释具体形式有两种：

① 沈岿：《司法解释的“民主化”和最高法院的政治功能》，《中国社会科学》2008 年第 1 期。

② 参见《全国人民代表大会常务委员会关于加强法律解释工作的决议》，http://www. npc. gov. cn/wxzl/ gongbao/2000 - 12/06/content_ 5004401. htm。

③ 陈春龙：《中国司法解释的地位与功能》，《中国法学》2003 年第 1 期。

④ 王成：《最高人民法院司法解释效力研究》，《中外法学》2016 年第 1 期。

⑤ 沈岿：《司法解释的“民主化”和最高法院的政治功能》，《中国社会科学》2008 年第 1 期。

一种是发布规范性的，有时是条文性的司法解释文件，另一种形式是发布典型案例。① 尽管学者对司法解释的形式分类有不同意见，但可以肯定的是，规范性司法解释是一种重要的法律渊源。当前，我国与视听作品版权保护制度有关的规范性司法解释主要包括：《最高人民法院关于审理侵害信息网络传播权民事纠纷案件适用法律若干问题的规定》《最高人民法院关于审理著作权民事纠纷案件适用法律若干问题的解释》等。

除了最高人民法院的规范性司法解释以外，各省高院还结合自身审判实践发布了一些涉及视听作品版权保护问题的指导性意见，这些文件虽不具有法律效力，但是对统一法律适用标准，以及视听作品法律规则的形成和发展具有一定的积极意义。例如，2015 年 4 月北京市高级人民法院制定并发布的《关于审理涉及综艺节目著作权纠纷案件若干问题的解答》，在充分调研和总结司法审判经验的基础上，对综艺节目的版权客体认定问题进行了规定，首次在现场综艺活动和综艺节目影像之间做了区分。依据独创性的有无，综艺节目影像可分别认定为类电影作品或录像制品。对两者之间的判定标准，该《解答》规定：综艺节目影像如果是在文字脚本和分镜头剧本基础上，通过镜头切换、画面选择、后期剪辑等方式完成，其连续画面体现了制片者的构思、表达出一定的思想的，可认定为类电影作品。综艺节目影像如果是以机械方式录制完成，仅做了简单

① 朱景文：《法理学》（第三版），中国人民大学出版社，2015，第 240—243 页。

的镜头切换，或录制后对画面和声音进行了简单剪辑，则应判定为录像制品。①北京市高院的这一《解答》，不仅对统一法律适用标准具有重要意义，同时对发展和完善我国著作权法有关视听作品的规定具有重要的参考价值。

（二）司法判例在视听产品法律保护模式形成中的作用

1. 大陆法系国家的判例

大陆法系国家虽然多数都有成文法传统，但“判例在这些国家的法的发展中在某些领域承担第一流的作用”，“判例的创造性作用总是或几乎总是隐藏在法律解释的外表下面。”②判例所发挥的作用，与成文法本身所具有的局限性有关，相对于实践来说，成文法总是表现出时滞性、不周延等缺陷。但是正如法谚所说的，法官不能拒绝裁判，③ 即使在出现法律空白时，法官也应当像其必须从事立法者的工作时会做的那样去作出判决。判例创制的规则是一种裁判规则，某种程度上是对制定法的细则化，具有弥补制定法的一般性和抽象性的特殊功能。④ 此外，就制定法和判例的地位和作用而言，立法者负责运用一定的立法技术确定法律框架，而判例则在立法者确立的框架内活动，且判例相对于法律规范而言是不稳定的规范，在审理新的案件时随时可能被否定或变更。

---

① 参见《北京市高院首发综艺节目著作权纠纷案件解答》，2015 年 4 月 15 日载于中国经济网 http://www. ce. cn/culture/gd/201504/16/t20150416_ 5124952. shtml。

② 勒内·达维德：《当代主要法律体系》，漆竹生译，上海译文出版社，1984，第 124—137 页。

③ 法国和瑞士在其民法典中规定，法官不得拒绝裁判。

④ 陈兴良：《案例指导制度的法理考察》，《法制与社会发展》2012 年第 3 期。

2. 中国古代的判例

中国古代封建社会，除了律、令、格、式等制定法之外，判例也曾起着相当重要的作用，主要形式包括廷行事、比、例和条例。廷行事是秦朝时期一种具有普遍约束力的判决，起补充和修改国家制定法的作用。决事比是汉朝时期推行的制度，是经概括加工后用于比附类推的判例，具有普遍指导意义。唐朝因成文法发达，因此判例作用较小。明清时期是判例最为发达的时期，律、例并行，例具有永久效力，以例代律、以例破律的现象时有发生。但是，我们仍应看到，尽管中国的例与普通法系的判例有诸多相似之处，但其中区别仍很明显，主要的不同在于，中国古代的例的效力并非来自于判例本身，而是经由编辑整理并经相应程序核准后才具有普遍的约束效力，从这一点上来说完全不同于普通法系的判例。

3. 中国特色的知识产权案例指导制度

新中国成立初期，由于当时法律制度不甚完备，曾注重编撰典型判例，供各级法院比照援引。从 1956 年全国审判工作会议提出分批分类汇编案例，到 1985 年法院公报发布典型案例，再到 2005 年的五年改革纲要正式提出建立案例指导制度，最后到 2010 年 11 月最高法《关于案例指导工作的规定》正式出台，中国特色的案例指导制度的正式建立历时半个多世纪。中共中央《关于全面推进依法治国若干重大问题的决定》更是将“加强和规范司法解释和案例指导，统一法律适用标准”作为一项重要举措。案例指导制度的确立，使我国最终形成了一种由“法律—司法解释—案例指导规则”构成的中国特色的多元法律规则体系。[①] 我国最高人民法院规定确立的指导案例，在案例的生成主体、价值、效力等重要方面都有显著特色。[②] 与西方的判例法存在本质区别，英美法系的判例是一种法源形式，以“遵循先例”为根本原则，大陆法系的判例虽不是正式法源，但有事实上的约束力。我国的案例指导，不是判例约束，其指导富有多重含义，如示范、参照、指引、监督、规范等，与所谓的法官造法有本质不同。[③]

关于指导性案例的性质，笔者认为其性质完全不同于《最高人民法院公报》的“典型案例”。因为，指导性案例虽然是来自各级人民法院的生效判决，但经过了最高人民法院审判委员会讨论通过，其性质应等同于最高院的个案批复，效力上等同于最高院的司法解释，因此可以供法院援引作为裁判依据。事实上，类似情况在立法领域同样存在，部委制定的并以部委令形式公布的规范性文件，其性质应属于部门规章，但是部分规章在经国务院批准后，就成为行政法规。[④] 因此，笔者认为经最高人民法院审判委员会讨论决定的指导性案例，其性质和效力不仅仅是所谓事实上的约束力，也不仅仅有示范、参

---

① 陈兴良：《案例指导制度的法理考察》，《法制与社会发展》2012 年第 3 期。

② 张志铭：《司法判例制度构建的法理基础》，《清华法学》2013 年第 6 期。

③ 胡云腾、于同志：《案例指导制度若干重大疑难争议问题研究》，《法学研究》2008 年第 6 期。

④ 例如《有线电视管理暂行办法》是原广电部制定并以广电部令形式发布的，但经过国务院批准后，就成为行政法规。类似的行政法规还有《卫星地面接收设施接收外国卫星传送电视节目管理办法》（国务院批准 广播电影电视部、公安部、国家安全部令第 1 号发布）、《进口影片管理办法》（国务院批准 文化部、海关总署发布）等。

照、指引、监督、规范等意义，而是类似或等同于最高院的个案批复和司法解释。

为了在知识产权审判领域推进案例指导工作，2015 年 4 月 24 日，最高院在北京知识产权法院建立了知识产权指导案例研究（北京）基地，①旨在通过汇集、编撰、整理指导性案例，及时总结审判规则和经验，促进司法尺度的统一，增强司法裁判的可预见性。根据笔者的统计，自案例指导制度建立以来，截至 2022 年 5 月在最高人民法院所有已公布的 29 批共 178 个指导性案例中，知识产权和反不正当竞争案例有 31 个。②据此，足见最高院对知识产权案例指导制度的重视，同时也从侧面反映出知识产权规则在应对实践发展需求方面的不足，以及统一知识产权法律适用标准的迫切期待。

四、小结

从法学理论角度分析视听产品法律保护模式问题，有助于我们重新发现和确立视听产品保护的正当性基础。（1）从自然法学、规范法学和社会法学这三大主流法学派关于法学研究的价值、规范和事实的视角出发，通过研究本文认为，在视听产品的法律保护问题上应坚持实用主义的权利观，即作为著作权客体的视听作品并不必然扩张到因技术和产业发展而产生的

---

① 参见《法制日报》报道：《最高法知产案例指导研究（北京）基地揭牌》，http://www.legaldaily.com.cn/index/content/2015-04/24/content_6058567.htm?node=20908。

② 这 20 个知识产权和反不正当竞争指导性案例号依次为 20、29、30、45—49、55、58、78—87、92、100、113—115、157—162。参见最高人民法院网站指导案例栏，http://www.court.gov.cn/shenpan-gengduo-77.html。

新的视听产品，而是必须经过立法政策考量，以实现激励创作和产业促进的目的。视听产品法律保护的类型化研究与保护模式的选择，应面向视听产业创新实践，保持一定的包容性和开放性，以便回应视听产业发展的需要；（2）以法律继承和移植以及法治现代化为分析视角，视听产品的法律保护并不存在一个线性进化的理想模式和统一样本。我国视听作品的法律保护应继承并坚持视听作品和录像制品两分的立法模式，在制度移植中保持既有理论和立法体系的圆融与统一；（3）从法律渊源角度来看，我国是制定法国家，应确立制定法的核心主导地位，当视听作品版权保护的法律规则适用出现困难时，首先应通过有权机关的法律解释予以明确，坚决抑制各级地方人民法院尤其是基层法院的制度创新冲动，以维持法律适用的统一，同时发挥规范性司法解释和案例指导制度的积极作用。

第四章 多元化视听产品法律保护模式的构建

基于前三章的历史考察、比较研究和法理分析，本章将立足我国视听产业的发展和新兴视听产品的保护，概括分析我国立法和司法实践中的两种单一化的错误倾向，即片面扩大视听作品概念的适用范围，取消录像制品的错误倾向；片面扩大著作权法的适用范围，忽视反不正当竞争法等其他法律制度功能的错误倾向。在批判上述两种错误倾向的基础上，提出构建一个多元化的视听产品法律保护模式，以更好实现私权保护和产业促进的双重目标。

一、视听产业发展及相应的制度失灵

（一）视听产业的实践发展及创新

当前，视听新技术新应用不断取得突破，分众化、移动化、视频化迅速普及，虚拟现实（Virtual Reality，VR）、增强现实（Augmented Reality，AR）、全景视频、沉浸式观看日益兴起，视听产业势必将随着科技进步迎来新一轮的创新发展和产业革新。以视听产业为代表的文化产业发展成为我国社会经济发展最为活跃的产业领域，成为推动中国经济结构转型升级及发展动力转换的主要引擎。在国家政策的激励引导下，当前视听产业创新呈蓬勃发展趋势，网络原创视听内容质、量齐升，短视频、网络直播、影游互动等新的产业形态和商业模式不断涌现。当前，我国视听产业创新及发展主要体现在以下方面：

1. 媒体融合向纵深推进

推动全媒体时代媒体深度融合发展，是巩固壮大主流宣传思想文化阵地、夯实党的意识形态根基的战略举措，是占据舆论引导、思想引领、文化传承、服务人民的传播制高点的必然选择。2020 年 9 月，中办、国办印发《关于加快推进媒体深度融合发展的意见》，提出要打造一批具有强大影响力和竞争力的新型主流媒体，加快构建网上网下一体、内宣外宣联动的主流舆论格局，加快全媒体传播体系建设。广电总局积极落实中央决策部署，于 2020 年 11 月制定发布《关于加快推进广播电视媒体深度融合发展的意见》（广电发〔2020〕79 号），聚焦聚力融合发展实践重点难点，提出系列政策举措。全国各级广电媒体积极开展智慧广电业务，推进媒体深度融合，广播电视机构智慧广电及融合发展业务收入显著增加。统计数据显示，2021 年全国广播电视和网络视听业务实际创收收入 9 673. 11 亿元，其中广播电视机构智慧广电及融合发展业务收入 1 085. 70 亿元，同比增长 21. 47%，成为视听产业重要增长极。①

2. 短视频产业蓬勃发展

随着移动互联网的发展和智能终端的普及，短视频作为一种新型网络视听产品迅速崛起，在政务和媒体信息传播、文化传承、知识分享、精准扶贫、国际交流中发挥了重要作用，深

① 2021 年全国广播电视行业统计公报，http://www. nrta. gov. cn/art/2022/4/25/art_ 113_ 60195. html。

刻影响了舆论生态和媒体格局，引领着网络视听产业发展变革。数据显示，截至2021年12月，我国网络视频（含短视频）用户规模达9.75亿，其中短视频用户规模为9.34亿，较2020年12月增长6 080万，占网民整体的90.5%。①同时，短视频新业态新模式不断涌现，产业规模和市场份额快速增长。根据近年来中国网络视听节目服务协会（CNSA）发布的《中国网络视听发展研究报告》数据，2016年泛网络视听产业规模889亿元，其中短视频产业规模19亿元，份额占比2.14%；2018年泛网络视听产业规模1 871.3亿元，其中短视频产业规模467.1亿元，份额占比提升至24.96%；到2020年，泛网络视听产业市场规模达6 009.1亿元，其中短视频产业规模达2 051.3亿，份额占比达34.1%。5年来，泛网络视听产业规模增长6.76倍，短视频产业规模增长108倍，所占份额增长16倍，短视频成为大视听产业发展新引擎。②

3. 网生内容日趋专业化

网络媒体与传统媒体相比的一个主要特征在于其传播的“去中心化”特点，网络用户既是内容的接受者，也是内容的创造者，最早的视频网站也是以视频分享为主要模式的。随着宽带成本的降低，传统的电影、电视剧等才成为网络视频的主流内容，国内的土豆网、优酷网等最初都被称为视频分享网站，传播的内容大都是网络用户自制的，被称为用户生成内容

① 中国互联网络信息中心：第49次《中国互联网络发展状况统计报告》，http://cnnic.cn/hlwfzyj/hlwxzbg/hlwtjbg/202202/P020220311493378715650.pdf。

② 中国网络视听节目服务协会：《2019年中国网络视听发展研究报告》，http://www.199it.com/archives/882433.html。

（UGC，User - generated Content）。之后，随着视频制作软件和技术的发展，网生内容的创作又细分出专业生产内容（PGC，Professionally - generated Content），PGC 与 UGC 相比，其区别主要在于 PGC 所分享的内容领域具有一定的专业水准。许多原影视行业的从业者纷纷跳出体制进入网络视频的生产领域，其参与创作的网络自制节目逐渐脱离了“业余”形象，开始迈向更加专业的水平。现如今，MCN（Multi - Channel Network）模式日益成熟，网生内容加速走向细分化、专业化、垂直化。MCN 是指联合了若干垂直领域具有影响力的专业内容生产者（PGC），利用自身资源为其提供内容生产管理、内容运营、粉丝管理、商业变现等专业化服务和管理的机构。数据显示，2021 年中国 MCN 机构数达 3.4 万，市场规模已超过 330 亿元，预计到 2023 年中国 MCN 机构数将达 4.7 万，市场规模预计超过 500 亿元。① MCN 机构不断深耕垂直领域，持续提供多元化的视听精品内容，为平台带来巨大流量、广告收益的同时，也为内容付费提供更多可能。

4. 网络游戏产业持续增长

近年来，网络游戏产业不断发展繁荣，数据显示 2021 年我国游戏市场的产业规模已经达到 2 965.13 亿元，较 2020 年增长了 178.26 亿元，同比增长 6.40%，游戏产业整体保持稳中向好、稳中有升的良好态势。② 2021 年，中国游戏企业加大

---

① 艾媒咨询：《2021—2022 年中国 MCN 行业发展研究报告》，https://www.iimedia.cn/c400/82822.html。

② 中国音数协游戏工委、中国游戏产业研究院：《2021 年中国游戏产业报告》，http://www.gamelook.com.cn/2021/12/465961。

创新研发力度，自主知识产权游戏在海内外市场均取得了突破，其中，国内市场实际销售收入 2 558.19 亿元，同比增长 6.51%；海外市场实际销售收入达 180.13 亿美元，同比增长 16.59%。从近 5 年的平均增长幅度看，中国游戏出海份额呈现稳定上升的态势，出海游戏在用户下载量、使用时长和用户付费 3 个方面均保持较好增长，出海涉及的国家和地区明显增多，产品类型也更为多元。按照细分市场统计，2021 年移动游戏市场实际收入持续增长，销售额达 2 255.38 亿元，占市场份额的 76.06%；客户端游戏和网页游戏市场不断萎缩，占市场份额分别为 19.83% 和 2.03%。值得注意的是，我国游戏产业正呈现出加速融合发展的趋势，以知识产权为要素和媒介，游戏产业与其他娱乐产业实现了跨界联动，融合形式和产品形式多种多样，成为我国游戏产业重要的组成部分。移动游戏多个细分市场共同发力，将对应市场的潜在用户转化为游戏用户，而基于游戏产品的泛娱乐属性，也加速了这一进程。

（二）视听产品法律保护制度的失灵

视听产业的创新发展符合国家将文化产业发展成为国民经济支柱性产业的政策定位，这样的创新无时不在、无处不在，视听产品新形态不断涌现，经济价值不断提升，面临法律保护的现实需要。然而，与之相应的视听产品法律保护理论和制度却未能保持一种回应实践需求的开放性和包容性，出现了制度失灵。所谓制度失灵是指法律规则滞后于视听文化产业创新发展实践，不能有效地对司法实践提供规则指引，从而导致的对同一概念规则的不同理解以及法律适用不统一的情况。例如，关于体育赛事节目是否构成视听作品的事实和法律认定，司法实践一度比较混乱，甚至同一案件事实，一审法院作出肯定结论，二审法院予以否定，之后再审法院又重新给予肯定。① 再如，关于短视频的著作权法定性也曾引发不少争议，有的主张应坚持“最低限度的独创性”标准，只要短视频有“一点创作火花”就可以认定为视听作品，有的则认为短视频应达到一定的“创作高度”，才能被认定为视听作品。究其原因，主要体现在以下几个方面：

1. 视听作品独创性判断标准缺失

尽管独创性是著作权法的基石性原则，但是现今的主要国际著作权条约以及主要国家的著作权或版权法立法，都没有对独创性问题做出规定。有学者分析，这主要是因为在著作权法发展初期，作品类型比较简单，主要是文字著作，在立法者看来，作品的概念已经足够清楚，似乎没有必要再对独创性进行专门界定。② 但是，随着技术和传播手段的创新发展，新的作品类型不断出现，并被逐渐纳入著作权法的作品范畴，此时，原先清晰明确的作品概念就没有那么清楚，需要借助独创性标准来进行判断。同时，独创性概念是以文字作品为模型建构的，在将其适用于其他作品类型时，会有许多不太适应的地方。例如，有学者对摄影作品的独创性进行研究，认为司法实

① 参见北京市朝阳区人民法院（2014）朝民（知）初字第40334号民事判决书；北京天盈九州网络技术有限公司等与北京新浪互联信息服务有限公司不正当竞争纠纷二审民事判决书（2015）京知民终字第1818号；北京新浪互联信息服务有限公司与北京天盈九州网络技术有限公司不正当竞争纠纷再审民事判决书（2020）京民再128号。

② Ramon Casas Vallés, “The requirement of originality,” *Research Handbook on the Future of EU Copyright*, Edited by Estelle Derclaye, Edward Elgar, 2009.

践中判断摄影作品是否具有独创性，常常以拍摄过程中的创作性选择，如光线、背景、角度等所体现的特殊性为替代标准，但拍摄技术本身并不构成独创性，而应将摄影作品本身所表达出的信息作为独创性判断之标准。①其实，类似的情况在视听作品的独创性认定中同样存在，法院常常以摄制过程中机位的设置、镜头的切换、角度的选取等拍摄过程中的技术性选择，作为判断视听作品本身独创性的替代方案。因此，视听作品独创性判断标准的缺失，一定程度上影响了司法审判实践中法官对视听类作品版权客体的定性。

2. 法律本身的固有局限性

法律目的是为人的行为提供规则指引，因此法律必然具有普遍适用的特征，体现出一定的规范性、稳定性。法律所具有的规范性和稳定性是法治相对于人治而言所具有的优势，但同时也决定了其局限性。法律的稳定性要求其不可能朝令夕改，变化不定，因此相对于发展变化的社会生活实践，法律总是体现出一定的时滞性。更有学者说，法律从制定出来那刻起，就已经落后于社会生活实践了。同时，现代法治原则要求法律必须是公开的，以便于社会普遍遵循，法律的公开性是以语言文字形式表现出来的书面规则，而语言本身也是有其局限的，有着哈特所称的概念的“中心和边缘”区域，法律规则在适用于具体案件时有时会出现解释和适用上的两难情况，尤其是对概念的边缘区域来说。此外，现代国家为实现其通过法律推进

① 马一德：《再现型摄影作品之著作权认定》，《法学研究》2016 年第 4 期；梁志文：《摄影作品的独创性及其版权保护》，《法学》2014 年第 6 期。

社会改革和福利增长的目的，即使是在传统的普通法系国家，也越来越多地采用制定法，以实现某种经济社会发展目标。但在美国著名学者波斯纳看来："成文法规则大多是低效的，因为它们是由不同利益集团博弈和妥协的产物。"①这些法律自身表现出来的局限性，对著作权法制度来说同样如此。

3. 视听产品法律保护的两种单一化错误倾向

这两种单一化的错误倾向具体指：一方面片面扩大视听作品的版权客体范围，理论、立法和司法中都曾出现取消录像制品的错误倾向；另一方面片面扩大著作权法适用范围，忽视反不正当竞争法等其他法律制度的功能。本质上，这两种错误倾向都是"高保护、强保护"的体现。

申言之，首先，视听作品和录像制品是两个法律上既相关又不同的抽象概念，其相同之处在于两者都是排他性财产权的客体，不同之处在于视听作品是狭义著作权客体，以具有独创性为保护条件；录像制品是邻接权客体，法律对录像制品无独创性要求。法律对视听作品和录像制品的保护，在权利类型、权利种类和保护期限等方面都有所区别，相对而言法律对录像制品的保护较视听作品偏低。因此，立法中取消录像制品而统一适用视听作品的规定，实质上是一种对私权给予强保护的路径。其次，视听产品的保护存在着著作权法的"设权模式"和反不正当竞争法的"竞争法模式"两种保护方式，国外学

---

① Posner, Richard A, *Economic Analysis of Law* (7th *edition*), Wolter Kluwer Law & Business; Aspen Publisher, New York 2007, pp. 24—26.

者称其为“客体导向”模式和“行为导向”模式。①与著作权法基于客体的保护模式不同，反不正当竞争法侧重从行为规制的角度对处于边缘区域的视听产品进行保护。这一边缘区域之所以重要，是因为对中国这个新兴的视听产业创新最为活跃的市场而言，边缘区域使得视听产品的版权保护能够面向产业发展实践保持一定程度的开放性，从而成为新的客体类型的“孵化器”和“恒温箱”，为新客体、新权利的形成预留出必要的制度空间。其优势在于：一方面能够避免将正在形成中的新的权利“客体”和“法益”类型挡在制度之外，为其提供适度的保护；另一方面又能避免“过度”保护可能给产业发展、使用者利益及公有领域空间造成的不利影响。

然而，在司法实践中，所谓的“法官造法”情况时有发生，通过法律的个案解释扩大视听作品概念的适用范围，给予新型视听产品过高保护，破坏既有的利益平衡和法的稳定性。有鉴于此，为矫正上述两种单一化的错误倾向，笔者将尝试从理论基础和具体制度安排两方面建构一个多元化的视听产品法律保护模式的理论框架。

二、多元化视听产品法律保护模式的理论构建

为有效回应和解决我国理论、立法和司法实践中都曾出现

① Annette Kur, *What to Protect, and How? Unfair Competition, Intellectual Property, or Protection Sur Generis*, Max Planck Institute for Intellectual Property and Competition Law Research pp. 13—12, https: //papers. ssrn. com/sol3/papers. cfm?abstract_ id =2268585.

的两种单一化的错误倾向，即片面扩大视听作品的版权客体范围，主张取消录像制品的错误倾向；片面扩大著作权法适用范围，忽视反不正当竞争法等其他法律制度功能的错误倾向，笔者主张在构建视听产品法律保护模式的理论框架时应坚持作者权体系的理论传统和知识产权法定主义。

（一）坚持作者权体系的理论传统

狭义著作权与邻接权两分是作者权体系的理论传统。狭义的著作权是对具有独创性的作品进行保护，邻接权是对与文学艺术作品有关的劳动、投资进行保护。但至今我国仍有部分学者对狭义著作权和邻接权的立法模式和其中的价值基础缺乏必要的认识，认为邻接权就是作品传播者对其传播作品的创造性劳动成果所享有的权利，[①] 这其实是一种理论误读。事实上，广义的邻接权，即把一切传播作品的媒介所享有的专有权，统统归入其中，或把那些与作者创作的作品尚有一定区别的产品、制品或其他既含有“思想的表达形式”，又不能成为“作品”的内容归入其中。[②] 根据学者的研究，邻接权旨在对一系列艺术方面的（表演者）、企业方面的（唱片制造商、电影制片人、数据库制作者、演出机构、播放企业）、科学方面的（科学版本）劳动投入进行保护，而不仅仅是保护作品传播者的权利。[③] 因此，“过分强调邻接权与作品之间的联系，可能会让人误以为邻接权一定是建立在已有作品的基础之上。实际

① 张玉敏、曹博：《录像制品性质初探》，《清华法学》2011 年第 1 期。

② 郑成思：《版权法（修订版）》，中国人民大学出版社，2009。

③ 雷炳德：《著作权法》一书导读部分《论现代著作权法的十大基本问题》，张恩民译，法律出版社，2005。

上并非如此。”①有学者认为，根据邻接权产生的原因，可以将邻接权定义为：不构成作品的特定文化产品的创造者对该文化产品所享有的专有权利。同时，还建议增加我国《著作权法》中邻接权的种类，对无独创性的照片、数据库和科学版本等进行保护。②

诚然，在著作权制度发展早期阶段，邻接权就是保护传播者的权利这种简单概括是有意义的，因为当时作品的种类及传播方式是有限的，所以作品的表演者、录制者和广播组织都可视为作品传播者。但是，随着技术发展和社会进步，越来越多的文学艺术和科学领域的创新成果产生，如计算机程序、数据库等，此时就面临法律如何对这些无形财产进行保护的问题。因为这些创新成果在表现形态和利用方式上与著作权客体相似，人们首先想到通过著作权制度对其进行保护。但具体的立法模式和制度方案各不相同，版权体系国家因为其作品的独创性标准较低且主要从保护对象所具有的经济价值方面考虑是否对其进行版权保护，因此这些国家通过扩张著作权客体类型，将这些新型的成果纳入作品范畴进行一体统一保护。而作者权体系国家，在观念上认为作品是作者人格的体现，只有自然人才能成为作品的作者，且相对于版权体系国家，其对作品独创性要求普遍较高，因此通过在狭义著作权之外设置邻接权的方式，对那些不具有独创性，但又有劳动、投资需要进行保护的成果形态进行保护。同时，随着产业创新发展，越来越多的邻

① 崔国斌：《著作权法：原理与案例》第九章邻接权，北京大学出版社，2014。

② 王迁：《著作权法》，中国人民大学出版社，2015，第270—271页。

接权客体和类型被纳入邻接权范畴，如德国、意大利等根据产业发展需要规定了种类繁多的邻接权类型，体现出邻接权制度对社会创新发展实践保持的一定开放性和包容性。①

相比而言，我国虽采取了狭义著作权和邻接权两分的立法模式，但相对于其他采取两分立法模式的国家，我国的邻接权类型过少，且制度并未表现出其回应产业发展所应具有的开放性和包容性，无法满足实践发展需要。此外，我国立法者也没有能够清晰地认识到邻接权制度的优势，立法存在滞后性。例如，根据我国著作权法，广播组织只享有对他人转播、复制、录制和信息网络传播的禁止性权利，而不是许可权。如果立法者能够整体性地考察视听产业需求和制度设计之间的关系，从完善邻接权的视角满足产业对互联网领域内新型商业模式开发和遏制侵权行为的需求，就不会对狭义著作权保护产生路径依赖。笔者认为，正因为我国邻接权制度这方面的局限，所以也带来一个问题，即型的视听产品（如视频游戏）等都试图通过狭义著作权获得保护，面对这样的诉求，法院或迫不得已，或基于创新冲动，通过解释现有规则将这些创新成果形态纳入现有的作品框架，结果导致的是有关作品独创性的要求一再降低，同时也影响了著作权内部制度之间的逻辑统一。因此，有学者建议增加我国的邻接权种类。② 综上分析，在进行视听产品法律保护模式的理论建构时，应坚持狭义著作权与邻接权两分的作者权体系的理论传统。

---

① 李陶：《媒体融合背景下报刊出版者权利保护》，《法学》2016 年第 4 期。

② 王迁：《著作权法》，中国人民大学出版社，2015，第 302 页。

（二）坚持知识产权法定主义

导论部分曾提及，关于著作权保护的正当性问题存在着两派立场：一派是著作权乐观派，主张著作权之正当性根基在于自然正义，[①] 因此作者或著作权人应当有权控制因技术发展产生的新的作品类型以及新的使用方式。如果用水杯比喻的话，乐观派倾向于将著作权的水杯看作“半满”状态，并等待着水杯不断加满。与之相对，另一派是著作权悲观派，以实用主义为哲学根基，倾向于将著作权的水杯看作“半空”的，他们同意法律赋予作者或著作权人一定限度的私人权利以实现著作权之激励创作的目的，但同时强调权利范围只应及于激励创作所必需的程度，否则就会侵占公众的言论及表达自由。[②]质言之，著作权乐观派和悲观派的区别在于著作权的保护边界问题，即面对技术进步和产业发展，是选择基于自然权利将著作权保护扩张到新的产品类型，还是选择以法定权利为基础，将著作权保护控制在激励创作所必需的特定范围之内。整体而言，乐观派倾向于保护作者和权利人的私人权利，而悲观派更为关注作为普通使用者（并非商业使用者）的公众利益。

若将上述关于著作权悲观派和乐观派的理论转换为中国当下的学术话语，则体现为对知识产权“法官造法”[③] 的不同态

① 无论是人格价值论还是劳动财产论，本质上都是一种基于自然正义的论证思路和理论学说。

② 保罗·戈斯汀：《著作权之道：从古登堡到数字点播机》，金海军译，北京大学出版社，2008，第 11 页。

③ 本文所谓法官造法是一个笼统的概念，泛指在知识产权特别法规则不足或没有规定的情况下，法官运用一般法律原则和传统民法的规则裁判案件的情况。并非在与英美判例法相同或类似的语境下使用这一概念。

度上，其本质则在于，在成文法因其所具有的“不合目的性、不周延性、模糊性、滞后性等局限性”① 而出现法律空白时的疑难案件处理中，即面对新型知识产品（视听产品）的保护及新的权利主张时，知识产权法（著作权法）的适用边界如何划定？在法的稳定性及个案正义之间如何平衡的问题。就此，我国理论界有以下几种不同声音：

其一，以易继明教授和梁志文教授为代表的支持法官造法和法院发展知识产权法的理论观点。易继明教授认为当今无形财产的价值日益重要，但知识产权面临类型化的困难，因此在法律出现空白时，法官应依劳动财产权理论，利用传统民法为知识产品提供保护。② 梁志文教授在对最高人民法院的公报案例进行研究后认为，法院发展知识产权法既扩张知识产权，也限制权利范围，符合现阶段由于立法“宜粗不宜细”原则所产生的法律成文化不足的现实需求，能在一定程度上矫正立法技术及理念所致的利益失衡，依照利益平衡原则对立法尚未否定的利益进行调整，并适用比较解释，使法律得以与技术发展相协调，从而推动知识产权制度的发展完善。③ 整体而言，两位学者都认为知识产权法官造法或说法院发展知识产权法，具有一定的正当性。

其二，以郑胜利教授和崔国斌教授为代表的坚持知识产权

① 徐国栋：《民法基本原则解释——以诚实信用原则的法理分析为中心》（增删本），中国政法大学，2004，第 185 页；秦国荣：《法治社会中法律的局限性及其矫正》，《法学》2005 年第 3 期。

② 易继明：《知识产权的观念：类型化及法律适用》，《法学研究》2005 年第 3 期。

③ 梁志文：《法院发展知识产权法：判例、法律方法和正当性》，《华东政法大学学报》2011 年第 3 期。

法定主义，批判法官造法的理论观点。主张知识产权的权利种类、内容、权利取得方式、保护期等都应该由制定法明确规定，除此法律另有特别授权外，不得创设法外的知识产权。① 法院在审判活动中应当坚持法定主义，放弃基于个人本位的自然权利说，坚持知识产权法的独占适用，谨慎利用民法及其他原则性条款解释和扩张知识产权范围。② 所不同的是，郑胜利教授认为除不断修改完善法律外，为克服法律规则本身僵化，立法者多选择通过法律授权，为行政机关和司法机关预留必要的规则空间，典型例子如我国《著作权法》第10条第1款第17项规定的"应当由著作权人享有的其他权利"这一兜底权利，以此来应对法律规则相对于实践发展可能出现的规则不足和滞后问题。因此在知识产权法保护范围之外，就是公有领域，没有其他法律和一般法律原则的适用空间。而崔国斌教授在文章最后结尾部分，为原则条款的适用留了很小的空间，但其出发点是社会公益考量，而非基于个人本位的自然权利。③ 整体来看，郑胜利教授和崔国斌教授二人的观点都是坚定支持知识产权法定主义，批判法官造法的。

其三，以李扬教授为代表的整体上坚持法定主义，但在某种程度上承认反不正当竞争法和传统民法适用空间的理论观点。认为劳动财产权说会扩大知识产权保护范围，引发利益失

① 郑胜利：《论知识产权法定主义》，《中国发展》2006年第3期。

② 崔国斌：《知识产权法官造法批判》，《中国法学》2006年第1期。

③ "在完全超出立法者预期的新问题出现、不得已适用原则条款时，法院应当从社会利益出发，要求知识产品提供者证明市场失败存在，然后法院才能够给予适度保护。"参见崔国斌：《知识产权法官造法批判》，《中国法学》2006年第1期。

衡，并带来知识产权界定难题。知识产权法定主义具有双重功效，即创权和限权，司法应当坚持整体性观念。尽管在知识产权的特别法之外尚有适用民法和反不正当竞争法的空间，但此时法律保护的仅仅是某种市场利益或竞争优势，并不意味着赋予当事人某种特定知识产权。①显然，李扬教授虽然主张知识产权法定主义，但是走了一条中间道路，在“私人权利”和“公有领域”之间设置了“过渡地带”，为反不正当竞争法留出了适用的空间，具有其理论的合理性。

在视听产品著作权保护的语境下，问题不是保护或者不保护的问题，而是如何保护的问题。申言之，视听产品类型多样，且随着视听产业实践的不断创新，会产生越来越多的新型视听产品。这些新型视听产品有着传统视听产品的某些方面的特质，但很多时候也具有本身不容忽视的特质，如视频游戏，其呈现出的整体画面与视听作品有诸多相似之处，都是动态画面，但其本身所具有的交互性是其区别于传统视听产品的不容忽视的重要特质。对类似的视听产品，是否以及如何进行法律保护，将是理论和实践都不得不面对的难题。在面对诸如此类的疑难案件时，学者的态度就会发生分歧。著作权乐观派，或说自然权利论者多倾向于扩张著作权保护范围，通过法官造法的方式将新型视听产品纳入著作权人控制范围，通过著作权法客体导向的保护方式予以保护。与之相反，著作权悲观派，或说法定主义者则倾向于从普通使用者的角度出发，基于公共利

---

① 李扬：《知识产权法定主义及其适用——兼与梁慧星、易继明教授商榷》，《法学研究》2006 年第 2 期。

益的考量主张将新型视听产品留在公有领域。本质上，上述两种观点都是基于单一价值考量而形成的观点。著作权乐观派重视权利人私权的保护，而忽视公共利益和公有领域的保护；著作权悲观派则更多地关注对公众利益的保护和法的稳定性维护，而忽视了对新兴产业利益的保护。两派观点都有其不足和局限性。

事实上，就像视听产品有不同的类型，相应的视听产品版权保护的方式也应该有所区别，在保护与不保护之间存在着一定的“过渡地带”，对处于临界或边缘区域的视听产品进行保护，而反不正当竞争法就是在这一过渡地带对这类视听产品提供保护的制度机制。“过渡地带”存在的价值和意义在于：一方面能够防止法官过度解释既有法律概念以便将其适用于新的案件，从而影响法的稳定性和概念的确定性，也影响不同法律制度之间的协调统一性；另一方面也能使整体的视听产品的版权保护制度保持一定的弹性和适应性，为新型视听产品的权益保护和产业发展提供必要的制度支持，也能维护市场公平竞争秩序。

综合以上分析，笔者更赞成上述李扬教授的观点，既整体上应坚持知识产权法定主义的思路，限制司法对著作权保护范围的扩张，同时承认反不正当竞争法保护的积极意义。相较于著作权法以客体为导向的保护方式，反不正当竞争法提供的行为导向的保护方式，是保护处于边缘区域的、成长中的视听产品的优选方式，这也是笔者将着力构建的视听作品独创性判定标准和从“行为规制”到“客体导向”的多元化视听产品法律保护模式的制度体系。

三、多元化视听产品法律保护模式的制度构建

著作权法是保护视听产品的主要法律制度。著作权法中关于视听作品的制度设计，尤其是录像制品的去留问题，曾引发广泛而激烈的争论。在《著作权法》第三次修订中，录像制品经历了“先删后留”的过程，最终2020年《著作权法》予以保留，仍采用视听作品和录像制品两分立法模式。关于我国《著作权法》中视听作品和录像制品的规定，以及多元化视听产品法律保护模式的制度建构，笔者试从以下三个方面予以阐述：

（一）坚持视听作品和录像制品两分立法模式

近年来，一种有关取消录像制品，将其统一纳入视听作品的理论主张逐渐兴起，①并且也曾影响到我国的《著作权法》修法工作。2012年3月，国家版权局在其公布的关于《著作权法》（修改草案）的简要说明中对视听作品的修改做了如下说明：将“电影作品和以类似摄制电影的方法创作的作品”修改为国际社会普遍采用的“视听作品”，相应的在相关权部分取消“录像制品”有关规定，主要因为视听作品的表述更加简洁，单独设立一类录像制品并将其作为相关权的客体的立法例在国际上并不普遍，在多数情况下，录像制品皆可以作为“视听作品”进行保护。②对此种理论观点及实践动向，笔者试

---

① 卢海君：《“电影作品”定义之反思与重构》，《知识产权》第2011年第6期；张玉敏、曹博：《录像制品性质初探》，《清华法学》2011年第1期。

② 参见2012年3月31日国家版权局《关于〈中华人民共和国著作权法〉（修改草案）公开征求意见的通知》，http://www.ncac.gov.cn/chinacopyright/contents/483/17745.html。

从以下方面提出不同意见。

1. 取消录像制品的谬误

第一，从理论角度来看，取消录像制品的观点大多源于对基本理论的误读和对历史发展的无视。主张取消录像制品规定的观点，其主要依据之一就是《罗马公约》《日内瓦公约》等主要邻接权公约都没有规定录像制品，只是规定了录音制品。对此，郑成思教授从历史发展角度做了如下解释："录制者权的客体，在很长一段时间里，仅仅包括录音制品。在录像技术发展起来之后，许多国家把它同电影作品归入一类，并不归入录制品中。当保护邻接权的《罗马公约》与专门保护录制者权的《日内瓦公约》缔结时，录像技术还不太普及，因而这两个公约中所说的录制品仅仅包括录音制品。……使版权法及其中的邻接权保护法全部'现代化'，就应当把随着新录制技术而产生的新录制品——录像制品，归入邻接权客体之中。……在第三章第一节'电影作品'部分中将讲到，只有'胶转磁'的那部分录制品或以录像方式拍摄电影形成的录制品，可以称为电影作品。而录像制品作为一个整体，应当是邻接权客体的一部分。"① 其实，从我国《著作权法》及其实施条例的规定来看，并没有要求录音制品或录像制品必须是对作品或作品表演的录制。根据《著作权法实施条例》第五条的相关规定，"录音制品是指任何对表演的声音和其他声音的录制品"，笔者认为这一法律定义涵盖了对动物声音以及自然界任何声音的录制品。同时，录像制品的法律定义也包括"任何

---

① 郑成思：《版权法（修订版）》，中国人民大学出版社，2009，第68页。

有伴音或者无伴音的连续相关形象、图像的录制品”，而并没有要求必须是对作品表演的录制。因此，无论从法律理论还是立法实践来看，以邻接权是“作品的传播者对其传播作品的创造性劳动成果所享有的权利”为由，主张取消录像制品的观点均缺乏基本的理论反思。

第二，从立法政策角度看，取消录像制品将可能严重侵蚀公有领域范围并影响文化创新。表面上看，录像制品去留的问题是因技术发展带来的新的客体认定问题，本质上，却是私人权利与公共利益之间的界限问题，是对作为私权的著作权是否需要给予强保护的问题。诚然，如许多学者所言，2001 年《著作权法》关于“电影作品和以类似摄制电影的方法创作的作品”的定义，尤其是“摄制”的限定性要求，无法涵盖动画片、电脑游戏中的动态画面、Flash 等新型作品形式，因此需要对其电影及类似电影作品概念进行修改。① 因此，2012 年 3 月国家版权局公布的《著作权法》修改草案才引入“视听作品”概念，这本无可厚非，但是否要因此取消“录像制品”的规定，则需要慎重考虑。根据《著作权法》的规定，对不具有独创性的视听作品以外的录像制品，适用邻接权予以灵活保护，在具体权项、保护期限、具体权能（限制排他性）等方面对权利进行限制，以实现私权保护与公共利益之间的平衡。与其他法律制度相比，知识产权制度具有很强的公共政策

① 王迁：《“电影作品”的重新定义及其著作权归属与行使规则的完善》，《法学》2008 年第 4 期。

属性。①尽管有不同理论从不同角度对包括著作权制度在内的知识产权制度进行正当化论证，如人格利益说、劳动财产说等，但最具有说服力的还是一种实用主义的理论，即通过著作权保护的方式实现“鼓励作品创作和传播，促进文化发展和繁荣”（《中华人民共和国著作权法》第一条关于立法宗旨的规定）的社会目标。但著作权制度发展到今天，其客体和权利范围不断扩张，越来越多的科学、文化、艺术领域的成果被纳入私权保护范围，公有领域不断缩小，著作权制度正在背离其“促进科学艺术发展”的初衷，作为“创新激励之法，产业促进之法”的著作权法某种程度上却在阻碍文化创新和产业发展，因此国际范围内出现了一股反思知识产权的理论思潮。若以反思知识产权强保护的理论为视角，审视和反观我国著作权制度，特别是视听作品的相关立法活动，事实上我们在有意或无意地走上著作权强保护的道路，扩大私权控制范围。对此，我们应抱持一种警惕态度。

第三，从比较法角度来看，取消录像制品所依据的部分所谓的事实与实际不符，难以自圆其说。尽管国际公约及其他国家著作权法中并不一定有录像制品的概念，但在德国和意大利等作者权体系传统的国家，著作权法在视听作品或电影作品之外，规定了“活动照片”或“动态画面”的法律概念，②对缺乏独创性的视听产品进行相应保护。虽然使用的法律名词和概

① 吴汉东：《利弊之间：知识产权制度的政策科学分析》，《法商研究》2006 年第 5 期。

② 《德国著作权法》第 95 条在电影作品之外对不具有独创性的“动态画面”进行了专门规定，给予邻接权保护。《德国著作权法》，范长军译，知识产权出版社，2013，第 129 页。

念有所不同，但这只是形式上的差异，重要的是其发挥的制度功能却是相同或类似。正如日本比较法学者大木雅夫所强调的，比较法不应该仅仅是法律概念和名词的比较，而应坚持一种以问题为导向的功能主义比较，即各国分别通过何种制度实现特定的法律需求的。[①] 从功能主义的比较法理论视角出发，无论是我国现行法中的录像制品，[②]还是德、意等作者权体系国家著作权法中的“活动照片”“动态画面”，其制度功能都是相同或近似的，因此，所谓的单设一类录像制品作为邻接权客体的立法例并不普遍的说法，与相关事实不符，难以作为立法中取消录像制品有关规定的事实依据。

2. 保留录像制品的价值

第一，从理论体系建构而言，保留录像制品将使我国著作权体系保持必要的圆融和统一。整体而言，我国的著作权法是作者权体系的立法模式，如对作者精神权利的重视与保护、相对较高的独创性标准、狭义著作权与邻接权两分的制度架构等，但在具体制度设计中又借鉴了版权体系的诸多制度，某种程度而言，我国著作权法就像是一件“百衲衣”，缺乏一以贯之的理论和立法原则的支持。[③] 例如，我国的视听作品制度借鉴学习的是德国等作者权体系的做法，在视听作品和录像制品

① 大木雅夫：《比较法》第四章比较法的方法，范愉译，法律出版社，1999，第81—105页。

② 我国现行著作权法中的录像制品是指固定在物质载体上的、缺乏独创性的连续影像，并非是“载体”意义上的概念，对此国内仍有部分学者存在误解，如衣庆云：《电影作品著作权立法问题之异见》，《知识产权》2012年第9期。

③ 熊琦：《著作权法中投资者视为作者的制度安排》，《法学》2010年第9期；李陶：《媒体融合背景下报刊出版者权利保护——以德国报刊出版者邻接权立法为考察对象》，《法学》2016年第4期。

之间进行了区分，前者是狭义著作权客体，后者是邻接权客体。但摄影作品制度则借鉴的是美国等版权体系国家的做法，未区分有独创性的摄影作品和无独创性的普通照片。对此，有学者分析认为，两种立法模式并无高低优劣之分，重要的是无论借鉴哪种立法例，都应一以贯之，避免因零敲碎打地借鉴使条文之间产生逻辑矛盾。① 就已有的法律传统和社会基础来看，我国宜坚持视听作品和录像制品两分的立法模式，保留并完善录像制品的有关规定。

第二，从产业促进角度而言，保留录像制品将使相关著作权制度面向视听产业发展实践保持一定的开放性和包容性。视听作品和录像制品的共同之处在于，两者都是著作权法上的排他性财产权客体，所不同的是，基于独创性的有无法律所给予的保护强度及权利的排他性有所不同，前者是文化领域的独创性智力创作成果，是狭义著作权保护客体；后者是文化领域内劳动、投资所产生的成果，是邻接权保护客体。我国已提出要将文化产业建设成为国民经济的支柱性产业，《电影产业促进法》已正式出台，《文化产业促进法》也在抓紧制定过程中。在此大背景下，随着文化产业的创新发展，越来越多的邻接权客体和类型被纳入邻接权范畴，如德国、意大利等根据产业发展需要规定了种类繁多的邻接权类型，体现出邻接权制度对社会创新发展实践保持的一定开放性和包容性。相比而言，我国邻接权类型过少，无法满足实践发展需要，同时也带来司法实

① 王迁：《著作权法借鉴国际条约与国外立法：问题与对策》，《中国法学》2012 年第 3 期。

践中的一个问题，即新产生的创新成果形态都试图通过狭义著作权获得保护。面对这样的诉求，法院或迫不得已，或基于创新冲动，通过解释现有规则将这些创新成果形态纳入现有的作品框架，结果导致的是有关作品独创性的要求一再降低。这似乎已经形成了一种恶性循环，一方面因为理论和制度供给不足，法院不得不通过解释和扩大法律概念范畴将新的文化创新成果纳入既有的作品范畴；另一方面也正是由于这种司法实践倾向，模糊了两类不同客体之间本应有的界限和狭义著作权及邻接权各自的制度功能。因此，基于文化产业创新发展实践，我国著作权法中应该保留，甚至是增加邻接权种类，而非取消。①

诚然，尽管要想在视听作品和录像制品之间划定一条清晰的界限十分困难，甚至企图在这方面有所尝试都似乎是一种过分的苛求。但是，我们仍然应该看到，两个概念各自的核心区域至少是清晰可辨的，虽然每个历史阶段都会有一定的视听产品形态落入概念的边缘区域或两个概念的临界区域，使其定性变得两难，但这种两难困境恰恰是理论概念相对于鲜活实践所体现出的一种常态。就像实践中看似清晰的毫无争议的糖果概念一样，当考虑到白砂糖、巧克力等情形时，糖果的概念似乎就变得没有那么清晰。但这不会或很少影响我们在概念上对糖果予以界定，并在实践中进行使用，因为在多数情况下这一概念是清晰的。同理，视听作品和录像制品的概念也是如此，虽然有时会产生归类上的两难情况，但我们要看到，相对于概念

---

① 王迁：《著作权法》，中国人民大学出版社，2015，第 302 页。

而言，实践是时刻变化发展的，比如用户生成内容从 UGC 到 PGC 再到 PUGC 的发展变化，从网络微电影到网络大电影的发展等，在其发展之初，视频分享网站分享的内容多是网友自拍的几分钟甚至几秒钟的简短的、无多少创造性的、画质粗糙的简单视频，但随着视频制作技术的发展，个人也能利用平台自带的视频编辑软件轻松编辑制作出极具专业性的视频内容，这种变化，使得网友自制内容逐渐从视听作品概念的边缘向核心区域迈进。理论研究和制度建构所需要做的是，提供必要的具有包容性的概念工具和制度框架，为这种实践发展创新提供相应的空间，并且要尽量对各个不同概念进行界定，廓清概念的适用边界，以便为社会主体提供必要的行为指引和预期。最不应该持有的态度和想法是，因为概念界定的困难而回避问题，这样会闹出哲学上的“动物吃植物”的笑话。① 虽然说这样的概念使用不会出错，但是毫无意义。

就视听作品和录像制品的制度建构而言，虽然作为区分二者标准的独创性很难把握，也常导致司法认定中的两难情况，但不能因此不去界定，而将所有原先属于录像制品范畴的，全部纳入视听作品概念范畴，这样不但解决不了问题，反而带来新的问题。因为缺少了录像制品这一制度工具和概念，有意无意中搅乱了行为人原有的预期，实践中更加倾向于主张将其视听产品认定为视听作品，追求狭义著作权的强保护。“给予每个人其所应得的”是一条朴素的正义准则，不同的视听产品

① 因为分不清是骡子在吃庄稼，还是马在吃草，所以用“动物吃植物”进行描述和概括。

因其体现的独创性不同也应给予不同的著作权地位，适用不同的保护规则，最起码在制度建构时，应该提供这样的概念和制度工具，并尽量明确各自的适用范围。如果无限度地扩张视听作品的适用范围，极容易形成一种被称为“概念的专横”的结果，而概念的专横乃是产生大量不正义现象的根源，因此当概念导致压制或不正义时，最好将其视为能够重新予以阐释和限制的临时性假定。①基于以上考虑，笔者认为在进行著作权立法和制度建构时，应坚持视听作品和录像制品两分的立法模式，并通过独创性标准的重构明确视听作品和录像制品两类不同客体之间的界限。

（二）重构视听作品独创性判断标准

如前所述，独创性在著作权法中具有重要地位，是作品受著作权保护的实质要件。长期以来，作品的概念都是不证自明的，立法者也未曾意识到需要对独创性作进一步的解释说明。因此，除了对临界作品（边缘作品）和衍生作品予以特别规定外，多数国家在界定著作权法保护客体时，都将原创性要求从一般性规定中予以省略。②但德国、西班牙等国家在立法时将独创性作为著作权保护的前提予以明确规定，我国《著作权法实施条例》对作品下定义时也规定了独创性要件，③因此在我国独创性同样是适用于视听作品的实质构成要件。

---

① Benjamin N. Cardozo, *The Paradox of Legal Science* (New York, 1928), p. 61.

② Ramon Casas Valles, "The Requirement of Originality," *Research Handbook on the Future of EU Copyright*, Edward Elgar Publishing, 2009, pp. 104—107.

③ 参见我国《著作权法实施条例》第二条。

1. 视听产品分类及其独创性

随着技术进步和产业创新发展，视听产品类型不断丰富，呈现多样化趋势。为适应实践发展需求，著作权法中的电影作品（视听作品）一词的含义已被扩大，以包括所有电影作品以及《伯尔尼公约》第2条第1款规定的“以类似摄制电影方法表现的作品”。视听产品无论是有声还是无声，无论属于悲剧、喜剧、动画片、纪录片等哪类戏剧作品，无论是长片、中片还是短片，无论是借助光磁手段还是电子手段录制，无论所使用的物质载体是透明胶片还是电子录像带，甚至它并未被固定在载体上，都是视听作品。① 在视听产品类型不断扩展的背景下，急需检验和调整著作权法关于视听作品的独创性标准，以适应实践需要。②

从来引发问题和争议的都不是概念的核心部分，而是边缘部分。电影、电视剧等戏剧类视听产品的独创性以及著作权客体定性已无争议，现在引发争议的是电视新闻、体育赛事节目等非戏剧性的、非虚构的视听产品的版权定性和法律保护方式问题。因此，笔者主张以戏剧性、虚构性为标准，将视听产品分为纪实类和非纪实类，并重点分析争议较多的纪实类视听产品的独创性问题。之所以如此分类，主要是考虑两方面因素。

一方面，从历史发展角度来看，戏剧性几乎从一开始就作为对视听作品进行分类保护的重要因素，并且一直影响到现

① 德利娅·利普希克：《著作权与邻接权》，中国对外翻译出版公司、联合国教科文组织，2000，第62—65页。

② 金渝林：《论作品的独创性》，《法学研究》1995年第4期。

在。就像纪录片和新闻片的保护历史一样，无论是在德国等典型作者权体系国家还是英国等典型版权体系国家，对非戏剧性、非虚构性的纪录片和新闻片，其版权定性都曾引发过争议。例如，在德国1910年的法律框架内，电影被区分为戏剧性电影和非戏剧性电影作品，而纪录片和新闻片就归类于非戏剧性电影作品，直到1965年德国著作权法才将纪录片和新闻片纳入电影作品序列。又如英国，在1911年版权法案确立的制度内，具有戏剧性的电影，被以“电影化的戏剧作品”的名义纳入戏剧作品范畴给予等同于戏剧作品的全面保护，而无戏剧性的电影，则在摄影作品的名义下受到有限保护。后来，在1988年诺罗之安案，法院确认具有戏剧性的电影作品可以在电影作品和戏剧作品名义下获得双重保护，而没有戏剧性的电影则只能在电影作品名义下进行保护。笔者一直在思索这“另眼相待”背后的原因，暂且称之为“制度的胎记”。因为，电影的发展成熟是两方面因素同时在起着作用：一是技术方面，电影从制作技术方面来讲是摄影摄像技术发展的结果，因此从技术角度认识电影就是“画面序列”；二是内容方面，电影从下里巴人的游乐场技艺到被认可为一种艺术形式，其主要原因就在于电影展现了其叙事和讲故事的能力，逐渐成为一种戏剧改编的方式，因此1908年《伯尔尼公约》柏林文本才首次将电影纳入规制框架。历史值得玩味的是，背后推动这一进程的不是电影制片人或导演，而是以雨果为主席的国际文学艺术家协会，即作者和剧作家群体，他们抱怨电影使用了他们的作品。因此《伯尔尼公约》柏林文本第14条将文学和艺术作品作者的权利延展到许可对其作品通过拍摄电影的方式进行复制或公开展示的权利，并在公约里建立起了对电影作品的保护。①

另一方面，从我国司法实践来看，纪实类和非纪实类的划分已成为部分法院分析判定视听作品独创性的重要分类标准。例如，在（2015）京知民终字第1818号判决中，北京知识产权法院认为独创性强调的是个性化选择，个性化选择空间大小受客观限制因素影响。通常而言，客观限制因素越多，可达到的独创性高度越低；客观限制因素越少，可达到的独创性高度越高。进而，法院从客观限制因素对个性化选择空间的影响方面，将视听产品进行了类型化区分，将电影作品（视听作品）划分为非纪实类和纪实类，纪实类又分为非直播类和直播类，直播类再分为无摄制标准要求的和有摄制标准要求的。（如图2所示）图中从上到下，客观限制因素递增，个性化选择（独创性）空间递减，两者成反比关系。在该判决中，法院认为因受客观限制因素影响较大，涉案中超赛事直播公用信号所承载的连续画面，在独创性高度上难以达到视听作品的要求，因此不构成视听作品。② 尽管北京知识产权法院的结论还有讨论的空间，但其关于视听产品的分类值得充分肯定。③

---

① 帕斯卡尔·卡米纳：《欧盟电影版权》，籍之伟、俞剑红、林晓霞译，中国电影出版社，2006，第12—14页。

② 参见北京天盈九州网络技术有限公司等与北京新浪互联信息服务有限公司不正当竞争纠纷二审民事判决书（2015）京知民终字第1818号。

③ 北京市高级人民法院于2020年9月23日作出再审判决，撤销了二审判决，认定涉案赛事节目构成电影类作品。参见北京新浪互联信息服务有限公司与北京天盈九州网络技术有限公司不正当竞争纠纷再审民事判决书（2020）京民再128号。

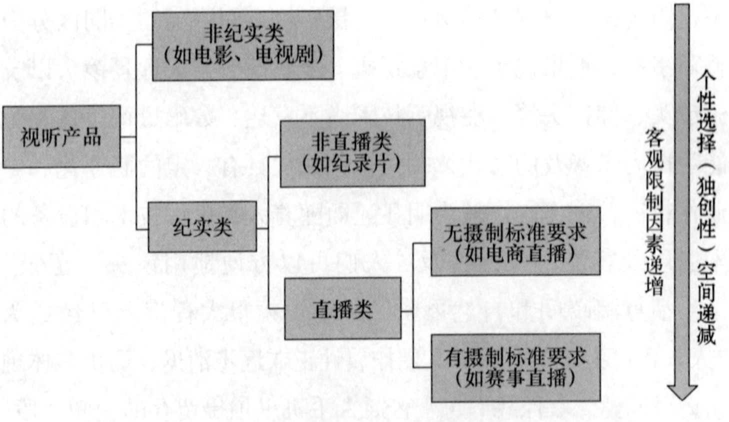

图2 纪实类视听产品的分类及其独创性判断

2. 视听作品的创作本质及独创性认定标准

镜头（footage）是影视作品创作的基本单元，剪辑体现着影视作品创作的本质。①镜头是指摄影机从开始转动到停止时所拍下的一系列画面。剪辑是指按照剧本结构和创作构思的要求，将拍摄好的镜头素材，经过选择、删剪、整理，编排成结构完整的影片。② 要从法律上判断视听作品的独创性，必然要回归视听作品的创作本质，从镜头在拍摄、剪辑及后期制作过程中所体现的特性入手来予以分析。

(1) 镜头拍摄：创作抑或记录？

视听艺术语言的基本元素是镜头。镜头分为移动镜头和固定镜头。移动镜头是指用推、拉、摇、移等拍摄方法获得的镜

① 严波：《影视作品的表现形式、创作本质与独创性分析》，载《视听媒体版权实务指南》，知识产权出版社，2019，第28—54页。

② 《新华词典（第4版）》，商务印书馆，2013，第482、528—529页。

头；固定镜头根据被拍摄对象与摄影机之间距离的不同区分为特写镜头、近景镜头、中景镜头、全景镜头、大远景镜头以及俯镜头、仰镜头等。在视听技术尚不发达、数码摄像设备和智能手机尚未普及的时代，拍摄视频往往具有一定的职业化、专业化特征，创作属性较为明显。而随着人类摄像技术和设备的发展以及智能手机的普及，人们可以方便地用镜头“记录”下生活点滴瞬间和自然风景，拍摄视频很大程度上已经成为“人人皆可为”的行为，其创作属性正在逐步消退，而更多体现出记录属性。就像我们每个普通人手机里拍摄留存的视频片段，其主要目的是记录生活中的喜怒哀乐，而不是所谓创作。

因此，移动镜头拍摄中单纯的推、拉、摇、移，以及固定镜头拍摄中的特写、近中远、俯仰等的运用，已经不足以使单个镜头满足视听作品独创性要求，这样的拍摄行为也不是“智力创作”，而更应该被视为一种“机械记录”、一种“体力劳动”。因此，笔者认为通常用智能手机对自然风光和社会生活进行拍摄所形成的实况记录（realistic sequence of images）性质的视听产品，不能作为著作权法意义上的视听作品，这类单镜头视频只能作为录像制品。

镜头拍摄过程中的独创性，或说“创作”因素，体现在拍摄者对被拍摄场景或人物进行的独创性安排，如在摄影棚的人造景物中对演员表演的拍摄，这样的单镜头具有独创性，是拍摄者根据艺术创作主题的需要，在虚构的时空中所进行的智力创作成果。另外，对动画片的创作而言，并不存在拍摄或较少存在拍摄行为，动画片的“原画”，无论是手绘的还是电脑制作的，都应该作为美术作品进行保护，动画片的独创性主要体现在后期制作中。

(2) 镜头剪辑：视听作品创作的本质特征，独创性判断的核心要素

剪辑在影视艺术中被称为蒙太奇。蒙太奇一词，原是法语 montage 的音译，本是建筑学上的一个术语，意为构成和装配。电影借用这一概念，意指镜头的剪辑和组合。① 电影艺术本质上是一门安排与组合的艺术（电影始终都要安排和调动影像、声音和图像），蒙太奇则基本涵盖了这一特征，可以说蒙太奇是使电影艺术理论化的一个核心概念。② 作为电影艺术的重要表现手段，蒙太奇是电影构成形式和方法的总称，是导演或剪辑师将拍摄于胶片上的系列镜头和录制在录音设备上的声音组合成电影片的方法与技巧。

首先，从历史发展角度来看，视听艺术是从电影发展而来的，而早期的电影只是用单一镜头机械地拍摄的观光片、时事片等，并以实况记录的类型呈现。③ 之后，影视艺术语言蒙太奇的运用，促使电影从最初的机械录制发展成为独立的第七艺术。随着电影发展成为一门独立的艺术，电影才成为著作权法保护对象，并最终促成电影的著作权保护方式实现从间接保护（在戏剧作品和摄影作品名下进行保护）到直接保护（电影作品成为一类独立的著作权客体）的历史演变。④基于此，笔者

---

① 栗晓枢、王秀峰：《影视语言之蒙太奇探究》，《电影评介》2011 年第 2 期。

② 雅克·奥蒙、米歇尔·玛利、马克·维尔内、阿兰·贝尔卡拉：《现代电影美学》，崔君衍译，中国电影出版社，2010，第 110 页。

③ 大卫·波德维尔、克里斯汀·汤普森：《世界电影史》（第二版），范倍译，北京大学出版社，2014，第 31—32 页。

④ 电影著作权保护方式从间接保护到直接保护的相关研究请参见 Pascal Kamina，*Film Copyright in the European Union*（*Second Edition*），Cambridge University Press，2016，pp. 7—62.

认为视听作品独创性的判断，应该以镜头的剪辑和组合，即蒙太奇的运用作为核心参考要素。

其次，从技术发展水平和视听内容生产环境来看，尽管当前数字化拍摄已从某种程度上取代胶片而成为主流，并且视频编辑软件的操作变得越来越容易，但视频编辑仍然不像用手机随手拍摄那样，并非“人人皆可为”，即使简单的视频编辑也体现出作者的创作性因素，编辑过程体现了作者的创作思路和想法，表达着作者的思想感情。因此，笔者认为即使简单的镜头拼接和组合，足以区别于机械性的录制，而使其具有独创性，成为著作权法意义上的视听作品。关于视听作品独创性的判断问题，严波博士曾提出了一种“最低限度创新”标准，认为任何以“一系列相互关联的有伴音或无伴音的活动画面”为表现形式的智力成果，其创作者在镜头语言和镜头组接上进行了独立的创作，表达了作者个性、创作意图或思想情感，满足了著作权法关于作品独创性所要求的最低限度的创新，即可认定符合独创性标准。① 具体来说，视听作品独创性标准应同时满足两个条件：其一，镜头语言和镜头组接的表达不带有自动程序性或强制逻辑性；其二，镜头语言和镜头组接的表达要略高于常见的普通人能轻易达到的、哪怕是最低程度的创新性。严波博士的“最低限度创新”标准，其实是并非“人人皆可为”的另一种表述，两者意思是一致的。

最后，从比较研究的角度分析，关于视听作品的独创性问题，德国马普研究所的阿道夫·迪茨教授曾在 2016 年 9 月 13

---

① 严波：《现场直播节目版权问题研究》，法律出版社，2016，第 116—118 页。

日给中国代表团的咨询意见中指出，德国著作权法对独创性的要求并不高，因此针对体育赛事、交响音乐会、话剧歌舞表演的拍摄，只要有一定的画面剪辑和切换，即可满足独创性要求，就能作为电影作品进行保护。反之，通过静止的摄像机录制交响音乐会、体育赛事、社会事件等，则不具有独创性，不属于著作权法所保护的作品；但因其具有一定的经济价值，故德国著作权法以邻接权的方式对此类动态画面给予保护。①可见，在德国，对实景记录式地拍摄所形成的实况录像（realistic sequence of images），其独创性判断也是以镜头（画面）剪辑为核心判断标准的。

(3) 视听特效：后期创作的重要形式，独创性判断的重要因素

视听特效是影视后期创作的重要形式，也是视听作品独创性判断的重要参考因素。视听特效是人造的假象及幻觉，是视听产业中不可或缺的元素之一。视听特效分为视觉特效和声音特效，传统的视觉特效包括特效化妆、烟火特效等。电脑视觉特效主要分为两类，即三维特效（如各种怪物形象）和合成特效（如空中飞人）。② 声音特效如爆炸声、破碎声等特效声音。视听特效已经成为影视创作和产业发展中越来越重要的创作元素之一，视听特效的运用也足以满足独创性要求。

综上，笔者认为判断视听作品独创性，应当主要考虑作为

① Meeting mit einer Delegation der State Administration of Press, Publication, Radio, Film and Television of the People's Republic of China (SAPPRFT), a. m. 13. September 2016, 15: 00—17: 00 H, im Max-Planck-Institut für Innovation und Wettbewerb.

② 刘新阳：《电影视觉特效概念界定与辨析》，《影视制作》2012 年第 10 期。

视听艺术语言，即蒙太奇（镜头的拼接与组合）的运用来判断。电视新闻节目和体育赛事节目等纪实类视听产品的独创性主要体现在镜头的选择、剪切和组合上，未经剪辑的镜头素材，其性质都是记录性的，应认定为录像制品；而由镜头选择、剪接和组合所形成的体育赛事节目或电视新闻节目，应被认定为视听作品。

（三）构建多元化视听产品法律保护模式

文艺创作要向生活取材，文艺工作者要向群众学习，这是人类文艺创作和社会发展的一条不变规律，即所谓艺术是来源于生活而又高于生活。群众的鲜活生活实践为艺术家的创造创新提供了取之不尽、用之不竭的创作资源。这些资源是人人皆可自由利用的，大部分不受任何私权控制。当有人利用处于公有领域的资源率先取得创新成果，并在市场经济作用下，产生了一定的经济利益，若其他市场主体擅自模仿盗用或试图打擦边球“搭便车”，法律会从维护市场公平秩序角度出发，禁止这种盗用和搭便车行为。这也意味着创新成果被一定程度产权化了，进入私权控制范围，只不过此时这种创新成果尚未凝结为一种权利客体，法律只是基于市场公平竞争秩序考虑，禁止他人模仿盗用和搭便车行为，是一种行为导向的权利类型。当这种创新成果的市场经济效益进一步显现，产业规模进一步形成，商业模式进一步稳定，凝结于其上的财产利益将会被进一步确定为权利客体，使权利人可以授权他人进行市场开发使用，权利类型也逐步稳固，排他性也逐渐增强。当这种创新成果达到一定的创作水准，就会成为具有独创性的智力创作成果，法律对其保护水平会更高，权利类型将更加丰富，保护期限也会更长。因此，对文学、艺术和科学领域的创新成果的法律保护，理想的状态应该是一个动态均衡开放的体系，从人人皆可自由利用的公有领域的创作资源，进入私人产权范围，在这个私权控制范围内，依据文学艺术创新成果所体现出的经济价值、独创性等的不同，其内部是有着不同区分的，也因此适用不同的保护方式和强度。法律的保护不是“有或无”的问题（要么以视听作品予以高保护，要么不保护），而是“多或少”的问题（狭义著作权保护、邻接权保护、反不正当竞争法保护）。笔者所构建的多元化的视听产品法律保护模式，可用如下金字塔结构予以形象说明。（见图3）金字塔之外是广泛的公有领域，人人皆可自由利用；金字塔内部是私权控制范围，并以相应的标准进行区分。

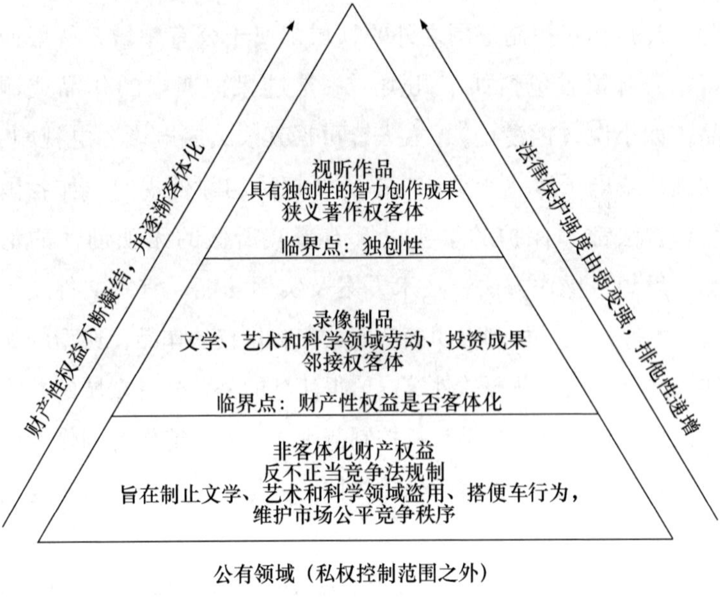

图3 多元化视听产品法律保护模式

1. 私权控制范围之外的公有领域

公有领域是知识产权法中一个重要概念，相对于私权范围而言，目的是避免私权对公众利益和文化自由的过分侵蚀。法国的1791年著作权法被学者们认为是最早采用公有领域这一概念的立法，该法首次明确规定已过保护期的作品应进入公有领域，著作权法不再对其进行保护。① 1886年，《保护文学和艺术作品伯尔尼公约》第14条首次在国际法层面对公有领域进行了规定，即公约适用于公约生效时尚没有进入公有领域的所有作品。关于公有领域概念，有学者从权利人权利、公众权利、客体以及对象范畴四个方面进行了概括，并将公有领域界定为：是不受知识产权法保护的领域，处于公有领域内的智慧成果可以为社会公众自由利用。② 因此，凡是私权控制范围之外的领域都属于公有领域，一般而言，公有领域包括如下几类：一是过保护期限的作品或制品，如小说《西游记》，人人皆可据其改编成电影、电视剧、动画片或电子游戏产品；二是著作权法的除外规定，如各国著作权法都不保护的事实以及对事实所做的无独创性的汇编，思想，操作方法、技术方案及实用功能，官方文件及正式译本等；三是权利人明确声明放弃著作权的作品，典型的如知识共享运动，开源软件等。值得注意的是，公有领域的并非仅仅是智慧成果，凡是私权控制范围之外的，能作为创作者创作资源和灵感的，都属于公共领域。但是，在知识产权制度现

① Tyler T. Ochoa, *Origins and Meanings of the Public Domain*, 28 Dayton L. Rev., 2002, p. 215.

② 胡开忠：《知识产权法中公有领域的保护》，《法学》2008年第8期。

代化过程中，私人权利得以扩张，公有领域逐步缩小，从而导致权利人个人利益与知识使用者的公众利益之间的利益冲突。①

亦有学者指出，知识产权法在私人产权和公有领域间的界限，是一种法律上的人为设定，并非自然存在的现象。②知识产权制度产生于资本主义时期的西方国家，其最初的制度设计以及之后的国际立法都是由西方国家主导的。因此，西方国家将其文学艺术领域的创新成果纳入知识产权保护范畴，而将广大发展中国家的传统资源和民族文化等排除出知识产权保护体系之外。对此，澳大利亚著名学者彼得·达沃豪斯在其名著《信息封建主义》中指出，欧美主要唱片制作商曾完全不承认黑人音乐，黑人音乐被置于缺乏支持的从属地位。实际上，正是黑人音乐家奔放的爵士乐带领欧美音乐进入“强节奏”时代，随后的节奏布鲁斯则奠定了摇滚乐发展的基础。③ 再如好莱坞电影《功夫熊猫》，中国功夫和国宝大熊猫本来都是中国特有的文化资源，处于公有领域，在经过好莱坞编剧和导演艺术创作加工之后，却成为给好莱坞电影企业在全球范围内赚取经济利益的文化产品。美国著名学者保罗·戈斯汀曾援引过一个实例说明公有领域的本质，非洲国家曾发起一场保护本土民间文学艺术（folklore）著作

---

① 吴汉东：《知识产权的制度风险与法律控制》，《法学研究》2012 年第 4 期。

② 保罗·戈斯汀：《著作权之道：从古登堡到数字点播机》，金海军译，北京大学出版社，2008，第 10 页。

③ 彼得·达沃豪斯、约翰·布雷思韦特：《信息封建主义》，刘雪涛译，2005，第 213 页。

权的运动，以反对西方国家进行非法挪用。当美国版权法专家质疑“民间文学艺术毫无疑问处于公有领域”时，一位非洲本土民间文学艺术倡导者回答道：“公有领域完全是一个西方概念。”①

2. 多元化的视听产品法律保护模式：从“行为导向”到“客体导向”

知识产品②保护存在知识产权法的“设权模式”和反不正当竞争法的“竞争法模式”两种保护方式，即知识产权制度的二元结构。设权模式对法益的保护是事前的、积极的、主动的，竞争法模式对法益的保护是事后的、个案的、消极的。③与之类似，日本学者中山信弘这样描述知识产品的两种保护方式：一种是通过知识产权法，借助物权法的框架，“将特定种类的信息拟制为‘物’，通过赋予类似所有权的方式加以保护”；另一种则是通过反不正当竞争法“在侵权行为的延长线上予以保护”。④就两种保护模式的关系问题，德国慕尼黑马克斯·普朗克创新和竞争研究所的安妮塔·库（Annette Kur）教

① 保罗·戈斯汀：《著作权之道：从古登堡到数字点播机》，金海军译，北京大学出版社，2008，第11页。

② 知识产品作为一个理论范畴，是对知识产权客体的概括，具体指人们在科学、技术、文化等精神领域所创造的产品，具有发明创造、文学艺术创作等各种表现形式，它是与物质产品（有体物）相区别而独立存在的客体范畴。参见吴汉东：《无形财产权基本问题研究（第三版）》第二章无形财产权的基本理论范畴，中国人民大学出版社，2013。

③ 李琛：《论知识产权法的体系化》，北京大学出版社，2005，第168—174页。

④ 中山信弘：《多媒体与著作权》，张玉瑞译，专利文献出版社，1997，第6—8、14页。

授巧妙地借用量子力学上的“波粒二象性”① 概念，来比喻“客体导向”（object - related protection）和“行为导向”（conduct - oriented assessment）两种保护方式之间的关系，认为知识产权法对“客体”的重视和反不正当竞争法对“行为”的关注，仅仅是观察的角度不同，取决于法院在进行裁判时是从“客体”抑或“行为”的角度使用各自的概念术语进行描述和分析。②

同样，视听产品也有两种不同法律保护模式，即客体导向的著作权法模式和行为导向的反不正当竞争法模式。如果说著作权法是“基本权利法”，是以专有权利为中心，由主体、客体、内容、取得方式、权利行使、限制与例外、权利救济等构成的规范体系；那么反不正当竞争法就是“行为规制法”，以维护市场的公平竞争秩序为核心，从规制市场行为的角度对各类利用知识产权的行为进行规范。③由于著作权法坚持权利法

---

① 波粒二象性（wave - particle duality）指的是所有的基本粒子或量子不仅可以部分地以粒子的术语来描述，也可以部分地用波的术语来描述。这意味着经典的有关“粒子”与“波”的概念失去了完全描述量子范围内的物理行为的能力。爱因斯坦这样描述这一现象：“好像有时我们必须用一套理论，有时候又必须用另一套理论来描述（这些粒子的行为），有时候又必须两者都用。我们遇到了一类新的困难，这种困难迫使我们要借助两种互相矛盾的观点来描述现实，两种观点单独是无法完全解释光的现象的，但是和在一起便可以。”参见百度百科之“波粒二象性”词条，http://baike. baidu. com/link? url = KnrKvtS5qDvcv00LE _ eH _ Cuq0xhy3iWVvzT7wPaPi8kMRUg2uzBto3tm1CsFo1UAYWhoz0F-dZYcFpf3PD4F60G _ E _ 5bMp4YXodWyrkxlo8vwnhmEg5qNQaVo117xAvOn1s9DC8WN13yg91LumwOsq。

② Annette Kur, “What to protect, and how?” In Nari Lee, Guido Westkamp, Annette Kur, Ansgar Ohly (eds.), *Unfair competition*, *Intellectual Property*, *or Protection Sui Generis*, Cheltenham : Edward Elgar Publishing Limited, 2014, pp. 11—32.

③ 吴汉东：《论反不正当竞争中的知识产权问题》，《现代法学》2013 年第 1 期。

定主义，建立的是一种“窄保护”和“强保护”的制度，存在保护方面的局限性，因此需要反不正当竞争法予以补充保护，如对新型客体（即正在形成中的权利客体）给予过渡性保护等。相对于著作权法保护而言，反不正当竞争法的保护具有“宽保护”和“弱保护”的特点。① 同时，著作权法的保护对象仅限于权利，一般而言，权利包括“禁”和“行”两个方面。而反不正当竞争法的保护对象是法益，法益只有“禁”的一面，它是一种尚未类型化、法定化的利益，需要在司法救济过程中予以明确。② 反不正当竞争法保护的特点在于，它不预设任何绝对权，即不存在所谓权利人的“反不正当竞争权”，而是在行为违反相应的不作为义务时，这种“缺失的权利”才通过司法救济加以明确。③ 这种缺失的权利的实质是一种不受绝对权保护的法益，其通过明确他人的不作为义务加以投射，只能被动防御。④尽管著作权法和反不正当竞争法的保护模式不同，但两者有着相同的立法目标和价值追求，即保护权利人合法权益，促进社会发展进步，只不过著作权法是通过保护知识财产所有人的合法权利、鼓励创新的方式来达到此目标，而反不正当竞争法则是以限制和制止非法竞争行为、维护正常市场竞争秩序的方式来实现上

① 郑成思：《知识产权论》，法律出版社，2003，第264页。

② 卢纯昕：《论知识产权法与反不正当竞争法的共生与协调》，中南财经政法大学2016年博士论文。

③ 谢晓尧：《未阐明的规则与权利的证成——不正当竞争案件中法律原则的适用》，《知识产权》2014年第10期，第3—14页。

④ 郑友德、胡承浩、万志前：《论反不正当竞争法的保护对象——兼评“公平竞争权”》，《知识产权》2008年第5期，第33—39页。

述目的。①

表 2　著作权法和反不正当竞争法两种法律保护模式比较

<table>
<tr><th colspan="2"></th><th>著作权法</th><th>反不正当竞争法</th></tr>
<tr><td colspan="2">相同点</td><td colspan="2">两者都是保护无形财产的法律，可以纳入广义的知识产权法范畴；两者有共同的法律目标，即保护权利人合法权益，促进社会发展进步。</td></tr>
<tr><td rowspan="7">不同点</td><td>立法目的</td><td>通过保护著作权，实现激励创新和产业促进的目的</td><td>通过制止不正当竞争行为，维护市场秩序，保护消费者权益</td></tr>
<tr><td>保护方式</td><td>客体导向的设权模式</td><td>行为导向的反不正当竞争模式</td></tr>
<tr><td>保护对象</td><td>权利（许可、禁止、获酬）</td><td>法益（禁止）</td></tr>
<tr><td>体系归属</td><td>支配性财产体系</td><td>侵权法体系</td></tr>
<tr><td>价值原则</td><td>事前的、积极的、主动的</td><td>事后的、个案的、消极的</td></tr>
<tr><td>保护水平</td><td>窄保护、强保护</td><td>宽保护、弱保护</td></tr>
<tr><td>法律适用</td><td>特别法优先适用</td><td>一般法补充适用</td></tr>
</table>

(1) 行为导向的反不正当竞争法保护

从公有领域进入私权的金字塔内部，其间的临界点在于创新成果所具有的市场利益被产权化，权利人对其产权化的创新成果可以禁止他人模仿盗用和搭便车等。1883 年《保护工业产权巴黎公约》正式签订，并于次年生效，该公约第一条第

① 吴汉东：《论反不正当竞争中的知识产权问题》，《现代法学》2013 年第 1 期。

（2）项规定：工业产权的保护对象包括专利、实用新型、外观设计、商标、服务标记、厂商名称、货源标记或原产地名称和制止不正当竞争。① 随着文化产业的发展，文化艺术领域的智力创作成果上凝结的经济利益不断增加，尤其是以好莱坞电影为代表的视听产业，以一种全球工业的方式拍摄和经营电影，因此围绕电影产品的市场价值开发，也出现了盗用、搭便车、打擦边球的现象。同时，视听产业不断创新发展，新的视听产品，如人工智能创作视频、网络游戏、网络直播等，在无法通过解释既有著作权客体概念而获得法律保护的情况下，仍需对其所体现的经济价值进行保护，避免他人盗用或搭便车，以维护市场公平竞争秩序，此时就落入反不正当竞争法保护范畴。如果说，著作权保护是以客体为导向（狭义著作权以视听作品为保护对象，邻接权以录像制品为保护对象），那么反不正当竞争就是行为导向的保护，侧重于对有碍市场竞争行为的禁止。概括而言，反不正当竞争是对尚未确认为版权客体的无形财产权益进行保护的制度，可以说保护的是正在形成、正在凝结为著作权客体的无形财产，安妮塔·库（Annette Kur）教授用“孵化器”来比喻反不正当竞争法之于传统知识产权法的价值和意义。②正是这种制度的“孵化器”为产业创新发展和制度生长提供了空间。

① 《保护工业产权巴黎公约》中文版官方译本，http://www.wipo.int/treaties/zh/text.jsp?file_id=288516#P110_1382。

② Annette Kur, *What to Protect, and How? Unfair Competition, Intellectual Property, or Protection Sur Generis*, Max Planck Institute for Intellectual Property and Competition Law Research pp. 13—12, https://papers.ssrn.com/sol3/papers.cfm?abstract_id=2268585.

具体来说，视听产业创新产生出的具有经济利益的新的视听产品，先以反不正当竞争法进行保护，避免市场竞争者模仿盗用或搭便车使创新者面临不利市场处境，为其提供必要的成长空间，如果产业规模越来越大且商业模式越来越成熟，如果无法纳入其他客体项下保护，则这种新的产权化利益将有可能被确认为著作权法保护的客体。如若相反，新的视听形态被证明只是一股浪潮，没有市场应用空间，则不会被确认为版权客体。正是这种反不正当竞争法的保护机制，使得整体的知识产权法律制度面向产业创新实践保持了一定程度的开放性、灵活性和动态性，避免畸轻畸重的保护所可能带来的弊端。正如国外学者研究指出的：中心区域仍然完整未变，传统的模式仍然发挥着实质作用，但重点已转向边缘，原来的边缘区域逐步成长并发生变化，容纳一些具有较高经济与社会价值的创作，这种创作构成新兴产业的成本，需要对所进行的投资给予保护。①

同时，从历史发展经验来看，知识产权保护一直单向度地朝着强保护的方向迈进，具有不可逆性。一旦高标准的保护方式得以确立，就很难再将其限缩到原有限度内。典型的例子就是关于计算机程序的保护，20 世纪 80 年代，当国际社会还在讨论计算机程序和软件的保护模式时，欧盟软件指令(91/250/EEC）却执意将计算机程序置于版权保护之下，而不是选择一种特殊的、保护强度相对较弱的模式。之后，《与贸易有关的知识产权协定》（TRIPS）和《世界版权条约》（WCT）也确

---

① Ramon Casas Vallés, "The Requirement of Originality," *Research Handbook on the Future of EU Copyright*, Edited by Estelle Derclaye, Edward Elgar, 2009, p. 107.

立了以“文字作品”保护计算机程序的模式。[①] 事后看来这或许是一个历史错误，但是想要再改变这种已确立的保护模式势必面临诸多的法律和政治阻碍。[②]因此，就人工智能创作视频（AIGC）、网络游戏画面等新型视听产品的保护而言，反不正当竞争法的过渡性保护相较于著作权法的客体导向的强保护无疑具有一定的妥当性。

（2）作为录像制品的邻接权保护模式

传统大陆法系国家立法，如德国、意大利等，以先验唯心主义哲学为基础，从作者人格出发解释作品，认为作品是作者人格的体现和延伸，只有作为自然人的创作者可以成为作者，据此构建起的体系称为作者权体系。对作品，作者权体系国家的法律要求必须达到一定的创作水准，“人人皆可为”的不构成智力创作成果，不是作品。但相应的文化领域的投资和劳动仍需要保护，因此在狭义著作权之外，构建了邻接权制度，保护不具有独创性的文化领域的劳动成果。具体到视听领域，狭义著作权客体是视听作品，邻接权客体是录像制品，在不同国家其称呼会多少有所不同，但这是形式上的差别，其背后的制度设计思路是相同的。应当明确的是，首先，视听作品和录像制品的区别不是以客体所具有的经济价值为标准区分的，而是以独创性的有无为区分标准。具体而言，一个蹩脚的业余视频

---

① 世界贸易组织《与贸易有关的知识产权协定》（TRIPS）第10（1）条以及《世界版权条约》第4条规定。

② Annette Kur, *What to Protect, and How? Unfair Competition, Intellectual Property, or Protection Sur Generis*, Max Planck Institute for Intellectual Property and Competition Law Research pp. 13—12, https://papers.ssrn.com/sol3/papers.cfmabstract_ id = 2268585.

爱好者自己拍摄并用视频编辑软件编辑、剪辑并配音而成的简短视频，因体现制作者的创作观念和思想并体现了独创性，可以作为视听作品，尽管可能不具有多少市场价值；而电视记者对某个具有影响力、高关注度的社会事件和新闻现场的机械性录制，或娱乐记者对明星的跟拍视频等，因其内容所具有的关注度，录影可能具有很高的经济价值，但其中无独创性，因此只能作为录像制品，而不能作为视听作品予以保护。其次，视听作品与录像制品之间的区分，是以独创性的“有无”为标准，而不是以独创性的大小为标准。

（3）作为视听作品的狭义著作权保护模式

在金字塔的顶部是具有独创性的智力创作成果，即视听作品，是狭义著作权的客体。主要的视听产品类型，如电影、电视剧、纪录片等都是属于视听作品范畴，受到著作权法最强的保护。根据我国《著作权法》的规定，视听作品和其他作品一样，权利人对其创作的视听作品享有四项人身权利，十二项经济权利以及一项兜底权利，这十七项权利为著作权人所享有的专有权利。保护期限是视听作品制作完成之日起50年。美国等影视产业发达国家，保护期限为70年。法律之所以给予视听作品较录像制品更强的保护力度，主要在于视听作品之上凝结的财产利益更多，所具有的经济价值更大，更多种类的权利类型以及更长的保护期，能确保视听作品经济价值以多种方式实现，发挥其最大经济效益。

总体来看，笔者认为并非所有类型的视听产品都可以纳入视听作品范畴，只有基于创作行为而产生的视听产品可以作为视听作品进行保护，如电影、电视剧等影视产品，以及电视新闻节目、体育赛事节目等由实况录像剪辑形成的视听产品。而基于记录行为产生的实况录像类视听产品，以及视频游戏画面等附随产生的视听产品，则不宜纳入视听作品范畴，应分别作为录像制品或非客体性财产法益进行保护，适用不同的法律保护模式。（见图4）

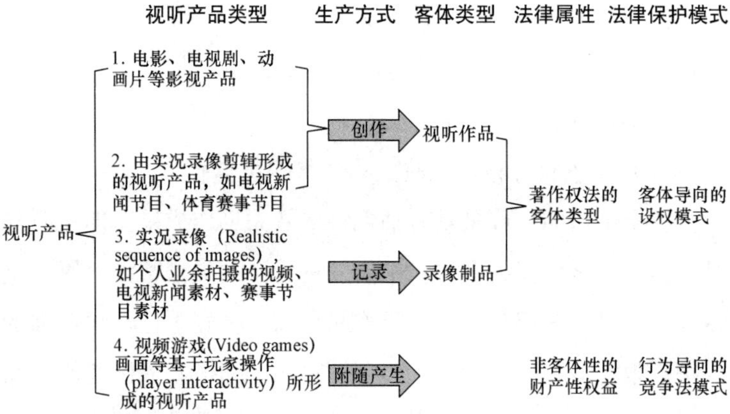

图4　视听产品的分类、法律属性及保护模式

3. 作为“安全阀”的权利限制制度

著作权制度建立的目的并非是单纯保护权利人的私人权利，而是要通过保护权利人权利的方式，达到激励文化创新和促进产业发展的目的。正如美国联邦最高法院在判决中指出的，作品创作是需要鼓励的，但是私人目的必须始终服务于促进公众广泛获得文学、音乐和其他艺术作品的社会文化目标。①

① Twentieth Century Music Corp. v. Aiken, 422 U. S. 151, at 156.

因此，各国著作权法都从社会文化发展的更广泛的社会目的出发，在给予权利人有限垄断权利的同时，为权利设置了诸多“安全阀”，为满足社会公众对知识信息的利用，在一定条件下他人可不经许可使用作品（制品），甚至是无偿使用，确保私人权利能最终服务于更广泛的社会文化发展目标。综观主要国际公约和各国著作权制度，普遍通过法定许可和合理使用制度对权利人的私权进行限制，前者需要支付一定使用费用，只是使用前无须经权利人同意，后者是免费使用。根据我国《著作权法》中法定许可和合理使用的相关规定，法定许可包括四种情形，即教科书使用、报刊转载、制作录音制品、广播电视机构播放已发表作品；① 合理使用情形包括十二类，如个人非商业性使用、适当引用、新闻报道使用、公务使用、图书馆使用、免费表演等。②

四、小结

本章是关于我国多元化视听产品法律保护模式的理论和制度建构，共分三部分：（1）我国视听产业的创新发展及带来的制度失灵。介绍我国视听产业发展的几个动向，分析随之而产生的制度失灵，如司法实践中对短视频、体育赛事节目等版权客体界定极不统一的现状，呈现并分析问题成因，重点指出理论、立法和司法中两种单一化的错误倾向，即片面扩大视听作品的概念范围，理论、立法和司法中出现取消录像制品的错

① 参见《中华人民共和国著作权法》第25条、第35条第2款、第42条第2款、第46条第2款的规定。

② 参见《中华人民共和国著作权法》第24条的规定。

误倾向；片面扩大著作权法适用范围，忽视反不正当竞争法等其他法律制度功能的错误倾向。（2）多元化视听产品法律保护模式的理论基础。为在理论上回应视听产业创新所带来的视听产品版权保护问题，本文主张应坚持狭义著作权与邻接权两分的作者权体系的理论传统。整体上坚持知识产权法定主义，限制司法对著作权保护范围的扩张，同时承认反不正当竞争法保护的积极意义。（3）多元化视听产品法律保护模式的制度安排。首先，批判了取消录像制品的理论观点和立法动向，提出应坚持视听作品和录像制品两分的立法模式；其次，提出从蒙太奇（镜头的拼接与组合）的运用角度界定视听作品的独创性，通过重构视听作品独创性判断标准来明确视听作品和录像制品之间的界限，以此来解决体育赛事、电视新闻节目等实况录像式的视听产品的版权客体定性问题；最后，构建一个由“反不正当竞争—录像作品—视听作品”构成的多元化视听产品法律保护模式的金字塔结构，强调在著作权法客体导向的设权模式之外，发挥反不正当竞争法的积极作用，从行为规制角度对处于边缘区域的新型视听产品提供保护，使视听产品法律保护模式的理论和制度能够面向我国视听产业实践保持适当的开放性和包容性，避免因理论和制度供给不足而导致著作权法范围扩张，实现私权保护和产业促进的双重目标。

第五章　多元化视听产品法律保护模式的具体应用

本章运用多元化视听产品法律保护模式的理论和制度，对我国立法、司法实践和理论研究中的部分热点疑难问题，如电视新闻、短视频、体育赛事节目和网络游戏的法律保护问题进行分析。笔者认为，涉及电视新闻、体育赛事和网络游戏版权保护的问题之所以会成为理论热点和司法疑难案件，一是与电影、电视剧等具有戏剧性（dramatic）、虚构性（fictional）的视听产品不同，电视新闻和体育赛事等基于实况录像（realistic sequence of images）产生的视听产品，其独创性问题常常困扰着学者和法官。二是网络视频游戏等新型的视听产品，如何确定其版权保护的方式，是通过行为导向的反不正当竞争法保护还是客体导向的著作权法（狭义著作权和邻接权）保护，不单是独创性判断问题，更应该结合产业发展实际确定其具体的版权保护方式。

一、电视新闻的法律保护模式

（一）电视新闻的法律保护制度及其实践

“全媒体不断发展，出现了全程媒体、全息媒体、全员媒体、全效媒体，信息无处不在、无所不及、无人不用，导致舆论生态、媒体格局、传播方式发生深刻变化，新闻舆论工作面临新的挑战。”① 推动全媒体时代媒体深度融合发展，是巩固壮大主流宣传思想文化阵地、夯实党的意识形态根基的战略举措，是占据舆论引导、思想引领、文化传承、服务人民的传播制高点的必然选择。2019 年以来，习近平总书记就媒体深度融合发表了重要讲话，作出重要指示，党中央作出了推动媒体深度融合发展的重要部署。在广播电视媒体融合发展中，有关新闻内容信息的融合传播处于优先地位。中央广播电视总台、各省级台和主要地市台普遍建立了融合新闻中心，并相继建设云平台，采取“中央厨房”模式，再造新闻生产流程，实现新闻内容的融合生产和传播。这些举措不仅是在传统广播电视广告收入增幅下降，电视新闻节目侵权严重，以及强调“新闻立台”的大背景下，盘活核心版权资源，②开发新闻版权价值的前提，更是在推进媒体转型和融合发展的过程中，再造新闻生产流程，释放新闻生产力，构建舆论引导新格局的迫切要求。

目前，国内尚无对电视新闻素材的权威界定，对电视新闻节目的界定也存在不统一的情况。笔者试从著作权法角度对电视新闻节目及素材作以下概括。在本书中，电视新闻节目是由多个镜头剪辑和组合而成，具体指广播电视媒体或具有相应资质的互联网视听节目服务机构编辑、制作的所有传递新闻信息的各种视听类新闻节目的总称，电视新闻节目一般包括消息类

---

① 习近平：《加快推动媒体融合发展》，载《习近平谈治国理政》（第三卷），外文出版社，2020，第 316—320 页。

② “新闻、‘春晚’、体育赛事等优质版权资源是全台（中央电视台）的核心节目资源，要以这些优质资源为突破口，探索有效管理、维护、经营版权资源的途径和办法，最大程度实现版权价值。”参见聂辰席：《创新建设国际一流媒体旗舰 协调推进“四个全面”战略布局——在中央电视台节目创新创优汇报会上的讲话》，《中国广播电视学刊》2016 年第 4 期。

（如《新闻联播》）、专题类（如《焦点访谈》）和评论类（如《锵锵三人行》）。电视新闻素材是未经剪辑和组合的单一镜头，具体指未经过编辑的用以制作电视新闻节目的镜头的总称，包括记者采录的以及网友分享的。电视新闻则是对电视新闻节目和电视新闻素材的统称。本文认为，在现有著作权法理论和立法框架内，电视新闻节目和电视新闻素材根据其类型和独创性的不同，可分别纳入“视听作品”和“录像制品”的范畴进行保护。同时，电视新闻还受《著作权法》第五条第（二）项“单纯事实消息”不受保护规则的限制。尽管著作权法律制度已对电视新闻版权保护客体、限制与例外、许可使用和转让等进行了规定，但实践中出现制度空转和失灵的情况，主要体现在以下方面：

第一，国内电视新闻节目及素材的交易市场有待建立与完善，国际国内市场化发展悬殊。在国际市场上，各大电视媒体已就电视新闻素材的许可使用形成了较为成熟的规则。例如，2010 年 12 月，中央电视台与中国国际电视总公司共同投资组建了央视国际视频通讯有限公司，以国际通行的视频新闻发稿标准和授权许可规则对央视电视新闻素材进行运营，并建立起互联网新闻视频内容服务平台“全球发布系统”，面向各类媒体用户提供视频素材下载服务。数据显示，成立十余年来，国际视频通讯社已与全球 140 个国家和地区的 540 家媒体机构建立了合作关系，先后发起成立了“一带一路”国家、欧洲、拉美、非洲和太平洋岛国 5 个重点区域的媒体伙伴机制。① 与

① 中央广播电视总台国际视频通讯社举办“第十届全球视频媒体论坛”，http://m.news.cctv.com/2021/02/02/ARTImlpSQLXtTSoeYIziTz1z210202.shtml。

新闻报道，载《中国电视报》2015 年 11 月 24 日第 15—45 期 A23 版。

此相对，国内情形却大不相同，电视媒体之间就电视新闻节目及新闻素材的使用和交换没有形成一套商业规则，依据的仍是1981年青岛会议所确定的政策，即省台记者有责任有义务向中央电视台供稿，省台要在黄金时间段转播《新闻联播》节目。① 这是一种在传统体制内形成的行政命令式的电视新闻节目及素材交流方式，体现了传播效率优先的价值考量，并不是版权意义上的节目和素材交易。②

第二，电视新闻节目及素材的侵权盗版严重，司法维权成本高而判赔低，侵权行为屡禁不止。随着网络和新媒体技术的发展，电视新闻在互联网上的传播途径更加多样化。整体来看，在互联网形态下侵犯电视新闻作品版权的形式主要包括碎片化使用、深度链接、直播流媒体侵权、未经许可转载、侵害提前发表权五种形式，当前网络已成电视新闻版权侵权的重灾区，版权秩序严重失范。与此情形相对的是，因网络侵权情形下，权利人无法就实际损失或侵权人非法所得进行举证，电视新闻侵权案件的司法判赔一般较少。调研数据显示，在新闻节目著作权侵权案件的判赔额方面，我国一审、二审法院认定的大部分赔偿金额都不足1万元。这无疑也助长了侵权人的投机和侵权行为，甘愿以身试法，产业利益面临失衡，电视新闻网络版权秩序亟待重整。③

---

① 1981年4月13日至21日全国新闻工作座谈会在青岛举行，会议作出两项重大决定：各省、自治区、直辖市电视台都是中央电视台的集体记者，有责任有义务向中央电视台供稿；各省、自治区、直辖市电视台必须转播《新闻联播》节目。

② 关于传播效率与许可效率冲突及协调的相关研究请参见熊琦：《互联网产业驱动下的著作权规则变革》，《中国法学》2013年第6期。

③ 中国广播电视协会电视版权委员会：《电视新闻节目著作权及互联网侵权问题研究》课题报告。

第三，司法判决对电视新闻的版权客体定性和保护路径的选择极不统一，有效统一的指导案例尚待建立。不同法院对电视新闻节目的版权定性以及对法律条文的理解适用都不尽相同，有的法院将电视新闻节目认定为“类似摄制电影的方法创作的作品”，给予著作权保护。比如在央视网诉世纪龙公司的著作权侵犯纠纷一案中，人民法院认为圣火耀珠峰电视直播节目将人物访谈、模拟性的演示、历史文献资料选编等表现手法相结合，把奥运圣火登顶珠峰的全过程生动形象地呈现到观众面前，并非仅仅是简单地对圣火登顶珠峰行动的客观事实的拍摄，电视新闻节目具有一定的独创性，因此应当以类似摄制电影的方法创作的作品对其进行著作权法保护。①有的法院则将电视新闻认定为录像制品，通过邻接权予以保护。例如在央视国际网络有限公司诉广州网易计算机系统有限公司侵害录像制作者权、广播组织权案中，人民法院认为：网易公司所播放的视频内容虽涉及 2011 年日本大地震及海啸这一时事新闻，但作为上述节目制作者的中央电视台，在反映海啸及地震消息的新闻视频内容剪辑、主持人播报及评述、专家观点转述等节目编排方面体现出了一定的独创性，因此上述电视新闻节目视频应当以凝聚一定智力性创造的录像制品加以保护。②令人匪夷所思的是，法院对独创性进行了认定，却适用邻接权进行保护，此乃邻接权和著作权保护的标准认知模糊和偏差的体现。

---

① 参见广东省广州市中级人民法院民事判决书（2008）穗中法民三初字第 352 号。

② 参见广东省广州市中级人民法院民事判决书（2013）穗中法知民终字第 972 号。

还有部分法院认为电视转播的体育赛事节目不是以展示文艺美感为目标，因此不是著作权法意义上的作品，适用反不正当竞争法予以了保护。①

（二）电视新闻法律保护制度失灵的原因分析

以上制度实践体现了市场转型换挡时期的阶段性特征，从法律层面来看，电视新闻著作权制度运行中的上述失灵可从以下方面探究原因：

第一，新闻属性特殊，新闻类版权资源的经济价值开发缺乏应有的明确指引。长期以来，在我国新闻媒体被认为是党的喉舌，始终坚持社会效益优先，并努力做到社会效益和经济效益相统一。《著作权法》属于私法范畴，是对科学文化领域的创作性成果进行私权赋权及保护的法律。从不同角度观之，电视新闻节目及素材既是受著作权（邻接权）保护的作品（制品），也是进行舆论引导和信息传递的文化产品。②自 2004 年广播电视领域全面推行制播分离改革③以来，释放出了影视剧、综艺节目等的巨大生产力，但制播分离改革只涉及影视剧、综艺节目等的市场化运营，广播电视新闻的采、编、播仍

① 参见北京市海淀区人民法院民事判决书（2013）海民初字第 21471 号；北京市第一中级人民法院民事判决书（2014）一中民终字第 3198 号。关于体育赛事版权问题的分析请参见王迁：《论体育赛事现场直播画面的著作权保护》，《法律科学（西北政法大学学报）》2016 年第 1 期。

② 报刊出版等平面媒体在我国也遇到了功能从“一元”到“综合”的改变，其保护路径也曾出现不清晰的状况。对此，参见李陶：《媒体融合背景下报刊出版者权利保护》，《法学》2016 年第 4 期。

③ 关于制播分离改革的相关研究请参见朱虹、黎刚：《关于推进广播电视制播分离改革的若干思考》，《现代传播（中国传媒大学学报）》2009 年第 6 期；李岚：《新时期电视制播分离改革的现状、问题与趋向》，《电视研究》2009 年第 4 期。

然由广播电视台掌握。可见，虽然单从著作权法角度来看，影视剧、综艺节目、电视新闻及其素材都可根据独创性的有无，纳入视听作品或是录像制品概念之下，但是从文化管理的角度来看，影视剧、综艺节目和电视新闻是有所不同的，因为新闻履行着社会的守望功能，决定着社会视野、议程设置和舆论导向，新闻节目具有直接的社会效益，信息类新闻满足了公众的知情权，而专题类新闻则发挥着社会监督作用。①如果忽视了这种不同，就很难从著作权理论上解释电视新闻版权制度失灵的真正原因，并寻求有效解决方案。另外，在公众意识观念里，难免担心电视新闻版权化会妨碍公众知情权。其实不然，著作权法保护的特性在于，不同于商业秘密的保护，著作权的“权利是垄断的，但知识是公开的”。② 同时著作权并非要控制普通公众接收信息，而是针对商业使用者，控制其未经权利人授权许可的“二次使用”行为，即将电视新闻作为素材制作其他节目或再次商业利用等行为。③

第二，立法相对滞后，缺乏可操作性的配套制度保障。技术的发展进步使得视听产品的生产和传播方式发生了变革，而我国著作权法律法规的相关法律定义，曾对创作方法作了限制性规定，即“摄制在一定介质上”，这一概念无法涵盖通过电

---

① 喻国明:《“互联网+”时代关于“新闻立台”的思考——兼析中央电视台的媒体价值》,《中国广告》2015 年第 12 期。

② 吴汉东:《文化创新、产业发展与版权制度》（在国家版权局组织的“版权保护与创新型国家”全国巡讲活动中的讲座），载中国当代法学家文库·吴汉东法学研究序列之《我为知识产权事业鼓与呼》，中国人民大学出版社，2014。

③ 关于使用者的类型分析及利益保护请参见梁志文:《论版权法上使用者利益的保护》,《法律科学（西北政法大学学报）》2013 年第 6 期。

脑制作的动画片、Flash 等新的客体类型，需要法律在制度上给予一定的回应。同时，法律对视听作品及录像制品的保护，从程度上来说仍是一种排他权的强保护，即使用视听作品和录像制品需要经过权利人许可授权并支付报酬，这对电视新闻时效性强、外部性大的特点而言，完全不符合融媒体时代对电视新闻许可效率的要求。虽然，实践中电视媒体也在探索更有效率的许可模式，如通过一揽子许可的模式约定新闻素材的使用范围。但是，在电视媒体探索如何进行电视新闻资源更有效率地授权许可之外，我们更应该关注如何在制度上，通过运用立法技术，以获酬权代替排他权，辅之以集体管理及法定许可等方式，在保护权利人经济利益的同时，实现更有效率的传播。

第三，理论观念误读，忽视著作权与邻接权分立的立法价值及其优势。一方面，理论上和实践中存在误读时事新闻不受保护这一规定的情形。所谓时事新闻，按照著作权法实施条例的规定，是指报纸、期刊、广播电台、电视台等媒体报道的单纯事实消息。根据我国学者的研究，著作权法中所谓不受保护的时事新闻应指受合并原则限制的对特定客观事实的表达或不具有原创性的表达。相对于文字性表达来说，用可视的方式表达特定客观事实受合并原则限制的可能性较小。因此，在通常情况下，照片报道、图片报道和音像报道等可视的表达方式不属于著作权法中不受保护的时事新闻。① 为避免混淆和误解，加强对新闻作品的保护，2020 年《著作权法》借鉴著作权法

① 卢海君：《著作权法中不受保护的“时事新闻”》，《政法论坛》2014 年第 6 期；王迁：《论〈著作权法〉中“时事新闻”的含义》，《中国版权》2014 年第 1 期。

实施条例的有关表述，将时事新闻修改为单纯事实消息。① 另一方面，权利人总是一味执着追求新闻节目作为作品的强保护，持有一种全有或全无的态度（all or nothing），这也从某种程度上影响审判机关在审判中将视听作品独创性的判断标准一降再降，降低到只要有镜头切换和剪辑、解说旁白等，法院就认为满足独创性要求，从而认定构成作品，这更加模糊了作品和制品之间的不同法律属性，也未正视著作权和邻接权不同的保护方式和价值取向。

（三）电视新闻节目及素材的法律保护模式

1. 两分法：区分“电视新闻节目”与“电视新闻素材”

国内少有关于电视新闻著作权的分类研究，为了能够充分保护电视新闻产品，本文主张从镜头、镜头的剪辑和组合等视听产品创作的角度出发，对电视新闻进行相应的分类。之所以选择这样的分类标准，是因为从历史发展角度来看，视听艺术是从电影发展而来的，而早期的电影只是用单一镜头机械地拍摄观光片、时事片等，并以实况记录的类型呈现。② 之后，影视艺术语言蒙太奇的运用，促使电影从最初的机械录制发展成为独立的第七艺术。简单地讲，蒙太奇是指镜头的剪辑和组合。③ 随着电影发展成为一门独立的艺术，电影的著作权保护方式也完成了从在戏剧作品和摄影作品名下进行的间接保护，到作为独立客体存在的，对电影作品进行直接保护的历史演变。④因

---

① 参见 2020 年《著作权法》第 5 条第 2 项。

② 大卫·波德维尔、克里斯汀·汤普森：《世界电影史》（第二版），范倍译，北京大学出版社，2014，第 31—32 页。

③ 栗晓枢、王秀峰：《影视语言之蒙太奇探究》，《电影评介》2011 年第 2 期。

④ Pascal Kamina, *Film Copyright in the European Union* (*Second Edition*), Cambridge University Press, 2016, pp. 7—62.

此，就电视新闻的版权客体问题研究而言，本文运用这种影视艺术语言——蒙太奇（镜头的拼接与组合），将电视新闻区分为“电视新闻节目”和“电视新闻素材”。

所谓电视新闻节目，是指由多个镜头剪辑和组合而成的，通过广播电视媒体或具有相应资质的互联网视听节目服务机构编辑、制作的所有传递新闻信息的各种视听类新闻节目的总称。电视新闻节目一般包括消息类（如《新闻联播》）、专题类（如《焦点访谈》）和评论类（如《锵锵三人行》）三种类型。而电视新闻素材，则是指由未经剪辑和组合的单一镜头构成的，未经过编辑的，用以制作电视新闻节目的镜头之总称。具体可包括记者采录的以及网友分享的视听资源。

2. 视听作品和录像制品分类保护的正当性

录像制品在我国著作权法中的去留问题，直接关系到电视新闻节目，尤其是电视新闻素材的版权客体定性问题。在讨论这一问题时，中国学者应超越纯粹的理论争辩，揭开“加强知识产权保护”宣传标语，理性分析在主流话语背后每个具体概念和制度选择可能给我们的事业产业带来的影响。申言之：第一，独创性是区分视听作品和录像制品的标准，同时也是影响划定私权范围和公有领域的界线的决定指标之一。独创性标准越低，视频资料划入视听作品的保护范围的就越多，相应的，落入录像制品保护范畴的也就越少；独创性标准越高，纳入视听作品保护范围的视频资料就越少，进入录像制品保护领域的会相应增加。就电视新闻节目及素材保护的路径选择而言，两种保护模式具有其不同的价值基础和立法目标。论其实质，保障权利人相应经济求偿的功能却是相同的。第二，录像制品是邻接权的客体之一，邻接权是在狭义著作权之外的一种比较灵活的制度安排，旨在对科学、文化、艺术领域的劳动、投资进行保护，国家可以从具体产业发展的制度需求出发，在保护权利人财产权利的同时，运用法定许可、获酬权、保护期等立法技术和制度安排对邻接权作必要限制，从而划定在文化创新过程中，私权领地和公有领域的范围。

探讨电视新闻节目及素材的版权属性时，除了坚持独创性标准外，更需要考虑如何在保护创作和劳动、投资的同时，实现电视新闻节目及素材在更大范围使用，实现传播效率的最大化。为此，电视媒体在不断探索，例如中央电视台正在集中打造新闻信息内容“中央厨房”，实现一次性采集、多媒体呈现、多渠道发布，以此再造新闻生产流程，释放新闻生产力。另外，随着智能手机和 Wi－Fi、5G 网络大范围普及，大量突发事件和新闻视频素材是由个人拍摄并上网分享，电视新闻媒体在日常报道过程中也会使用这些视频作为节目素材。中央电视台学习借鉴了 CNN 的“iReport”模式，以建立可管可控的短视频新闻素材征集平台和新闻拍客队伍，汇集各类新闻素材。①因此，对电视新闻节目及其素材的客体定性，是建立均衡有效保护的前提。笔者认为，对于经编辑播出的电视新闻节目，无论是消息类（如《新闻联播》）、专题类（如《焦点访谈》）还是评论类（如《锵锵三人行》）电视新闻节目，都应该作为视听作品给予著作权保护。而对电视新闻素材，如无人

---

① 聂辰席：《以重点工程为抓手 打造“智慧融媒体”——中央电视台媒体融合实践》，《中国广播电视学刊》2015 年第 11 期。

机航拍视频、记者采录的用于编辑制作电视新闻节目的视频素材以及个人业余拍摄的视频等，都宜作为录像制品予以邻接权保护。

此外，就权利属性和实现机制而言，笔者也建议以获酬权代替排他权的方式，结合强制性集体管理，实现许可效率和传播效率的最大化均衡。2015 年 12 月，拉丁美洲和加勒比国家集团（GRULAC）曾向世界知识产权组织版权和相关权常设委员会提交了一份《关于分析与数字环境相关的版权问题的提案》，该提案提出：“《世界知识产权组织表演和录音制品条约》（WPPT）和《视听表演北京条约》所规定的以获得合理报酬权来代替专有许可权的安排，或许是数字环境的一种可供选择的解决方案，因为它可以使我们在数字平台更容易获得和使用版权作品，同时也更符合网络（在线）商业模式有关速度和效率的需求。”① 此提案意在保障权利人财产权益的同时，通过弱化权利人对其作品（制品）的控制，改排他权为获酬权的方式，实现数字环境下对传播效率的需求。德国在 2001 年就成立了德国媒体著作权集体管理组织（VG Media），目前通过集体管理的方式对包括 64 家电视媒体、99 家广播媒体以及 230 家数字出版机构在内的会员单位的内容版权资源进行管理，确保会员单位在媒体资源版权开发中获得相应的经济份额，同时促进新闻信息传播和意见表达的多样性。据德国著作权集体管理组织监管机构——德国专利商标局 2015 年年报公

---

① WIPO/SCCR/31/4, *Proposal for Analysis of Copyright Related to The Digital Environment*. Document presented by the Group of Latin American and Caribbean Countries (GRULAC).

布的数据，2014 年 VG Media 全年代表会员向其他商业用户收取的版权使用费超过 7800 万欧元。[①]另外，在英国、美国也都产生了类似组织，如英国的报纸授权管理局（NLA）、美国的新闻权利联盟（NewsRight）等，这些组织代表传统媒体以类似集体管理的方式向其他商业性使用新闻资源的机构收取费用。从实践效果上看，法定报酬请求权与强制性集体管理相结合的制度设计，更能有效地对作者的经济利益予以保障和实现。目前，这样的制度设计已被西班牙、瑞士、波兰、匈牙利等许多国家借鉴，并被欧盟的多项著作权指令所采纳。[②] 国外的相关理论、制度及其实践，可供我国在构建视听作品和录像制品著作权制度以及选择电视新闻节目及素材的著作权保护方式时予以参考和借鉴。

“我是记者，我在现场！”多少珍贵的影视资料是记者冒着枪林弹雨抢拍而来，多少历史性音像素材是记者日夜守候抓拍而来，又有多少无价的史志纪录是记者历经岁月跟拍而来，之所以如此，是因为，他们相信一支笔、一个话筒、一台摄像机，蕴藏着改变的力量。这些珍贵资料不应在一期节目播出完后就被封存入库，在融媒体时代，它们应该经合法的方式，以多种形式出现在我们的手机、Pad 屏幕上，从而让我们的新闻更有故事、更有细节、更有温度。著作权理论所能做的是研究如何通过对电视新闻节目及素材进行适当的赋权、确权，以实

---

① 德国专利商标局 2015 年年报第 38 页，www. dpma. de/docs/service/veroeffentlichungen/ jahresberichte_ en/annualreport2015. pdf（2016 年 11 月 8 日最后访问）。

② 李陶：《非会员作品著作权集体管理模式的选择与重构——以德国法为借鉴》，《法商研究》2015 年第 3 期。

现权利人、使用者和公众之间的动态利益平衡，最终达到激励文化艺术创新和促进产业多元发展的目的。

二、体育赛事节目的法律保护模式

（一）“凤凰网赛事转播案”引发的争议

2015 年 6 月 30 日，北京市朝阳区人民法院对“凤凰网赛事转播案”，即北京新浪互联公司诉北京天盈九州公司的著作权侵权和不正当竞争案作出了判决，认定体育赛事进行现场直播形成的画面构成作品，被告在其经营的凤凰网上未经许可进行转播，侵犯了“赛事画面作品”的著作权。① 判决一经作出即刻引发学界业界广泛讨论，尤其是关于“赛事画面作品”的认定，各类专题研讨会、学术论坛都将其作为讨论主题，也形成了一批不同观点的研究成果。2018 年 3 月 30 日，北京知识产权法院作出二审判决，认为因受客观限制因素影响较大，涉案中超赛事直播公用信号所承载的连续画面，在独创性高度上难以达到视听作品的要求，因此不构成视听作品。② 2020 年 9 月 23 日，北京市高级人民法院作出再审判决，认定涉案赛事节目构成我国著作权法保护的视听作品（类电作品），而不属于录像制品。③ 同一案件事实，一审、二审和再审法院围绕事实认定和法律适用先后作出了不同的判决，说明司法审判对

---

① 参见北京市朝阳区人民法院（2014）朝民（知）初字第 40334 号民事判决书。

② 参见北京天盈九州网络技术有限公司等与北京新浪互联信息服务有限公司不正当竞争纠纷二审民事判决书（2015）京知民终字第 1818 号。

③ 参见北京新浪互联信息服务有限公司与北京天盈九州网络技术有限公司不正当竞争纠纷再审民事判决书（2020）京民再 128 号。

体育赛事节目的著作权客体属性及法律保护模式仍存在不小争议。下边笔者将围绕体育赛事节目的制作过程及其中体现出的独创性因素，重点通过独创性的分析，研究体育赛事节目在我国著作权法中的客体定性，以及相应的著作权保护问题。

（二）体育赛事节目的“独创性”因素

1. 体育赛事及相关产业主体

体育赛事本身并非版权法保护的对象，这点已基本达成共识。但体育赛事活动本身与体育赛事节目并不相同，前者是赛事组织者组织的、以运动员的竞技运动为核心的体育活动，后者是节目制作者负责的[①]、以对赛事事件的描述为主要内容、体现节目制作者视角的连续图像和伴音以及文字的集合。体育赛事节目制作和传播涉及较多产业，从广义上可分为广播影视不相关（赛事活动组织、体育相关产业、社会福利产业）和广播影视相关（赛事节目制作、传媒、广告）两类。具体而言，至少包括以下几个方面：

（1）赛事活动组织，这是整个体育赛事节目产业链的第一环节。由于在赛事活动中，往往会存在开/闭幕式、赛间表演（啦啦队），组织演出、展会业、文艺表演也是组织赛事活动的衍生业务。赛事活动水平与赛事节目存在相辅相成的关系，赛事活动精彩，则赛事节目收视率会升高，同样赛事节目制作得引人瞩目，则会提高赛事活动的影响力，并为赛事活动

① 对体育赛事节目而言，赛事组织者、主办方、节目制作者、节目播出者往往是不同的团队。例如，奥运会的组织者是国际奥委会，同时东道国成立本国奥组委作为项目公司组织赛事运行，此外东道国也往往会成立或雇佣专门的节目制作机构（例如北京奥运会的 BOB）进行制作，并授权广播组织进行播出。

带来丰厚的转播权收入、节目授权收入和广告及赞助收入的收益，从而使体育赛事组织者与参与者得到充分的资金回报，并进一步增加赛事活动的可观赏性和体育水平。

（2）体育相关产业，得益于体育赛事节目带来的广泛受众与广告效用以及相关体育活动的广泛开展，大量体育相关产业的生产总值都得到了提高，例如体育用具、运动服装、运动场地的使用、运动饮料等。

（3）社会福利业，体育赛事节目的影响力拉升了群众对体育活动的热情，因此对非竞技体育活动而言，群众对体育活动的热情也使体育设施等的利用率提高，并进一步增加了对公共服务的需求和建设。同时，由于体育赛事节目带来的聚众效用，也推动了体育福利彩票的发展，增加了彩票基金投放于社会公益事业的资金。

（4）视听节目制作，随着制播分离制度的施行，节目制作单位已经成为一个独立的利益群体。例如，中央电视台体育节目制作团队也曾多次被国际赛事节目提供者雇用，提供独立的赛事节目制作服务。

（5）传媒产业，在体育赛事实现电视转播和直播之前，人们主要通过报纸、广播等获知比赛结果与基本过程。体育赛事电视转播出现后，由于其所具有的直观感，电视转播很快成为主要的赛事节目传播方式。①随着互联网带宽和无线网络的

① 无线广播在传播体育赛事消息和比分过程中曾发挥积极的作用，但无线广播的内容更为客观，且无线广播中解说员的解说构成口头作品并无异议。当前体育赛事节目传播更多由电视台进行，电视台的转播画面较之解说词而言对节目接受者更加重要。

发展普及，网络直播和新媒体直播开始扮演重要的角色。此前的网络直播与新媒体直播多是通过电视解码器将电视信号转化为数据流媒体，但从悉尼奥运会开始就已经出现授权“网络直播”的情况，此时的视听网站和新媒体角色与电视台类似。但网站的内容较电视台相比更为丰富，多角度、多种类①、可重复地传递信息更加受到观众的欢迎。

（6）广告业，体育赛事节目吸引了广泛的观众注意力，因此大量广告开始投放于体育赛事现场及节目中。尽管赛事活动的精彩程度很重要，但赛场广告更加依赖于体育赛事节目中对广告的拍摄与植入而非赛事本身。事实上，奥运会与世界杯的主要盈利很大程度上依赖于广告和赞助收入。

需要注意的是，在上述六类产业中，后三类即节目制作产业、传媒产业和广告产业的核心都是围绕赛事节目的播出进行，而正是后三类产业使得体育产业脱离了场地、观众数量的局限。由于广播电视的介入，体育产业实现了更高的商业价值和经济收益。

2. 体育赛事节目的制作过程

体育赛事节目是集体创作的成果，由不同制作团队分工协作，经由前期、中期和后期不同阶段创作而成。随着技术进步，特别是20世纪70年代以后EFP转播模式（即电子现场制作Electronic Field Production）的运用和发展，观众在家观赏的节目往往已经不是单纯对比赛现场的客观录像，而是由制作者精心选择和编排的结果。

---

① 如文字、图片、报道、评论、论坛、视频集锦、节目录像等方式。

首先，就制作团队而言，体育赛事节目的制作团队通常由赛事组织者聘用，特别是在英超、NBA、超级碗橄榄球等职业赛事的场合，而另一些场合，如涉及大型国际赛事转播的情况下（例如国际足联、国际羽联、国际体操联合会组织的比赛），制作团队往往归属于各授权转播方，但授权转播方被要求将所有制作的内容及知识产权转让予赛事组织者。现代体育赛事节目中的节目制作团队由导演、切换导演、摄像师、现场导演、慢动作导演、慢动作操作员、字幕导演、字幕操作员、技术总监、视觉操作员、录音师等职位的工作人员及其他工作人员组成。

其次，就节目制作前的准备工作而言，导演将组织前期筹备会议，结合相应赛事活动的具体情况及比赛场地的有关情况，讨论、制定体育赛事的直播方案，确定团队各人员的分工、对视频和声音效果提出构想和要求。调音师根据沟通结果，确定有关音响设备的种类、安放位置，提前选取合适的声音效果片段在过程中随时插入。摄像师及视频工程师则会根据沟通结果完成摄像机的位置确定。现代大型体育赛事节目制作时，需要在现场取景的摄像机机位通常为十几个到几十个。例如，中央广播电视总台在制作东京奥运会体操项目国际公用信号时，摄像机系统包含 49 个讯道机，其中 4K 普通讯道 22 个，4K 高速讯道 7 个，4K 超高速讯道 4 个，4K 无线讯道 3 个，高清超高速轨道摄像系统 1 个，遥控吊顶云台 5 个，高清超高速定点微型摄像机 2 个。①

---

① 张曦：《东京奥运会体操项目转播视频系统简介》，《现代电视技术》2022 年第 3 期。

再次，体育赛事节目的具体制作过程。体育赛事节目制作大致包括摄制、切换、存储、剪辑、添加信息、合成、传输等内容。各摄像师分别操控一台摄像机，根据预先分工分别拍摄各位置、各角度的画面。摄像机镜头在摄像机机位范围内可移动、可调整焦距，由摄像师自主决定镜头移动和构图。在导演未对某一摄像师发出指令的情况下，该摄像师可自主决定拍摄比赛现场图像或场边、场外花絮。各摄像机捕捉的图像实时传回转播系统进入切换台，同时存放在由慢动作操作员操作的慢动作硬盘中。由于不同机位的摄像机会涉及光线、逆光的影响，因此制作团队中会有专门的技术总监根据现场光照对进入转播系统的所有图像源进行色彩匹配，真实还原图像颜色，并在直播进程中实时调整所有摄像机的光圈等重要技术参数，使切换后的图像没有色彩和亮度差异，如同一台摄像机所拍画面一样。

最后，标准节目的二次创作过程。奥运会赛事公共信号（Common Signals）① 的制作团队来自于不同的国家和地区。我国中央电视台从2004雅典奥运会开始进入了奥运国际公共信号制作大团队，承担了奥运赛事公共信号制作任务，先后参与了雅典、北京、伦敦、里约以及东京五届奥运会公共信号制作任务。先后承担了乒乓球、羽毛球、现代五项、篮球、排球、网球、体操（含蹦床、艺术体操）等赛事的信号制作。无论赛事节目播放的权利依据如何，由赛事组织者向各广播组织提供

---

① 我国习惯称之为标准赛事节目，以区别于广播组织权的客体，即信号（Signals）。

标准节目内容,① 并授权广播组织播出已经成为国际通行的实践。标准节目可以通过网络、微波、卫星、磁带邮寄、数据包等手段提供给有播出需求的电视台及其他媒体。在实践中，获得标准节目（公共信号）的电视台根据与授权方之间的协议约定，可以遮盖图像、遮盖字幕、增加电视台标志。电视台也可购买没有字幕的内容，自行增加字幕。需要注意的是，在赛事节目制作过程中，标准节目已经是经过节目制作团队人为选择和修饰的、对赛事事件进行记录的、内容确定的连续图像。这一连续图像体现创作环节每个人的意志和审美，并且可被固定。而公共信号则是指赛事节目的有形或无形载体，是赛事节目从节目制作者至广播组织处的首次传输过程中的工具。标准节目与公共信号是一体两面的关系，前者具有可版权性，后者则不然。②

（三）体育赛事节目的法律保护模式问题分析

1. 观点分歧：视听作品、录像制品抑或其他?

从比较法角度来看，由于法律传统和对作品独创性的要求不同，作者权体系和版权体系的国家对体育赛事节目的定性有所不同。在德国等作者权体系国家，法学界的通说认为体育赛事的直播画面独创性不足，不能作为第2条中的“电影作品和以类似摄制电影的方法创作的作品”，而只能作为第95条规定的“不能作为电影作品受保护的活动画面”。③ 而在英美等版

① 这种“提供”是实时的，甚至所提供的标准节目内容可能原本就是广播组织制作的，但在法律上依据合同约定转移给组织者并同时被组织者授权给广播组织播出。

② 北京浩天信和律师事务所:《赛事节目及直播法律保护研究》课题报告。

③ Paul Katzenberger, in Gerhard Schricker Ulrich Loewenheim, Urheberrecht Kommentar, 2010. 4. Aufl. § 95. Rn. 10—01; M. 雷炳德:《著作权法》，张恩民译，法律出版社，2004，第154页。

权体系国家，主流学术观点及司法实践都认为体育赛事应被认定为视听作品。如1997年，美国联邦第二巡回法院在美国篮球协会（NBA）诉摩托罗拉一案中，①较为清晰地阐释了体育比赛和体育比赛节目之间的区别，并给予赛事节目知识产权保护的原理和限制。在该案的判决中，法官区分出了两个概念："赛事事件"以及"赛事节目"。法院援引了美国众议院1976年修改美国版权法案时的《国会报告》，其中对版权法案第102条的解释，认定赛事节目播出前拍摄人员的取景选择、导播人员对多个镜头的选择和顺序安排，具有可版权性。②英国1988年的《版权、设计和专利法案》所列的作品类型包括"录音、电影、广播和有线节目"，③ 在2006年欧足联及天空电视台等诉KEITH BRISCOMB等案中，原告起诉被告未经授权转播欧冠联赛，侵犯其赛事节目的版权，并获得胜诉。④

---

① 摩托罗拉公司销售专门用来接收体育新闻的BP机，并通过此BP机和网络提供NBA比赛的比分，NBA认为摩托罗拉公司此举侵犯其版权并构成不正当竞争，诉至纽约南区法院。南区法院仅下达禁令要求摩托罗拉公司停止销售该类BP机。双方均提出上诉，上诉法院认定，尽管NBA的比赛节目应当受到版权的保护，但摩托罗拉对比分这一客观事实的实时更新不侵犯NBA的版权，也不构成不正当竞争。

② Copyright Law Revision, House Report, pp. 94—1476, Section 102. 美国1976年《国会报告》对"即时制作和录制"的内容是否可获得版权的问题，给予了肯定的答案，并将其归入电影作品的行列："当一场足球赛被四台电视摄像机覆盖，并且有导演指导四台摄像机的活动、选择将摄像机拍摄的哪些电子图像、以怎样的顺序呈现在观众面前时，毫无疑问这些摄像师和导演所从事的工作具有了'可版权性'（authorship）。"根据国会报告的论述，"（在此等比赛节目中）当被广播的图像和声音是首先录制后被传送的，被录制的作品应当被视为'电影'，而当节目内容在即时向公众传送的同时被录制时，也应亦然"。

③ "Copyright is a property right which subsists in accordance with this Part in the following descriptions of work……（2）sound recordings, films, broadcasts or cable programmes."

④ ［2006］EWHC 1268（Ch）.

在我国，关于体育赛事节目录制和转播过程中形成的图像画面的版权定性问题，理论界主要存在三种不同学术观点：

其一，卢海君教授认为：当前知识产权保护制度日益呈现国际化和一体化趋势，狭义著作权和邻接权两分的意义逐渐消减，视听作品与录像制品之间的区别日渐模糊，我国的著作权法应取消录像制品的概念，进而体育赛事节目可统一纳入狭义著作权中作为视听作品予以保护。从作品本质角度看，视听作品在本质上是系列图像的组合，导播赛事节目制作过程中对不同摄像机位拍摄的镜头进行了相应的取舍和编排，形成的体育赛事节目也因此满足了原创性要求，可以作为视听作品获得狭义著作权保护。①

其二，国家版权局政策法制司原司长王自强在其署名文章中提出，广播电视组织和网络传播的体育赛事节目到底是电影作品还是录像制品，这在我国其实是一个事实判断问题。因为我国《著作权法》同时规定了电影作品和录像制品这两个概念，判断某一体育赛事节目是电影作品还是录像制品，应当由权利主张者进行举证。这涉及赛事录制过程中的两种不同情形，一是固定机位的机械性录制，二是活动机位的选择性拍摄。王自强司长认为前者产生的是录像制品，而后者产生的是电影作品。②

其三，王迁教授则认为：对体育赛事直播节目而言，摄像

① 卢海君：《论体育赛事节目的著作权法地位》，《社会科学》2015 年第 2 期。

② 王自强：《体育赛事节目著作权问题探讨》，《知识产权》2015 年第 11 期。

机位的设置以及比赛画面的选择都有一定的规律，存在特定的技术性操作规范，在特定比赛中，是否以及何时需要切换到从某个角度拍摄的画面或慢镜头都是基本确定的，这就降低了体育赛事直播画面的独创性。体育赛事节目的独创性空间在于比赛停顿或中断时，与在比赛进行时的观众对比赛全貌和精彩场景的稳定预期不同，比赛停顿或中断时的镜头选择与安排，多是为烘托气氛和渲染情绪，并非为直播比赛实况，因此形成的连续画面有可能构成作品。①

2. 观点比较

就我国学界关于体育赛事节目定性的三种观点比较而言，其在独创性标准把握、视听作品范围、狭义著作权与邻接权的关系尤其是关于录像制品的去留问题、体育赛事节目保护强度等方面均有所不同，下面予以简要分析：

第一，关于独创性的标准，以及由此决定的视听作品范围问题。卢海君教授把握的独创性标准较低，认为视听作品本质上是系列图像的组合，体育赛事节目导播对不同镜头的取舍和编排足以体现出独创性，因此主张将体育赛事节目认定为视听作品。可以看出，卢海君教授把握的视听作品独创性标准就是镜头的“取舍和编排”。但是，文章并未言及没有“取舍和编排”的镜头的著作权客体属性问题。但是根据卢海君教授主张取消录像制品的观点，这类没有经过“取舍和编排”的镜头要么也是视听作品，要么就不予保护。同样，王自强司长把握的

① 王迁：《论体育赛事现场直播画面的著作权保护——兼评“凤凰网赛事转播案”》，《法律科学（西北政法大学学报）》2016 年第 1 期。

独创性标准也很低，即只要不是固定机位的机械性录制，体育赛事节目都将纳入视听作品范畴受狭义著作权保护，这也是一种强保护的思路。与之相对，王迁教授把握的独创性标准较高，即在赛事直播过程中，体育赛事节目要想作为视听作品，不仅要有镜头的选择和切换，而且“根据赛事节目转播规律和操作规范所做的镜头切换”还不足以满足独创性标准，只有在记录比赛实况之外的，为烘托主题和渲染情绪的镜头选择和切换所形成的画面才符合独创性标准，才能作为视听作品进行保护。

第二，关于是否在著作权法中取消录像制品，以及狭义著作权与邻接权的关系问题。卢海君教授认为在著作权规则日益一体化的今天，我国应该重新审视狭义著作权和邻接权两分的立法模式，主张立法中取消录像制品这一邻接权类型，将体育赛事节目认定为视听作品。王自强司长的观点，虽未否定录像制品制度，①但对录像制品开的口子极小，即只有固定机位的机械录制才是录像制品。所谓固定机位的机械录制，仅仅指镜头位置固定不动，且没有镜头的推、拉、摇和跟进，也没有焦距的远、近变化，就是单纯地机械性地记录，在这种情况下形成的产品属于录像制品。除此之外的，凡是有镜头变化和切换的，就构成电影作品或类电影作品，即视听作品。王迁教授讨论的是体育赛事直播情况下所形成的赛事画面的定性问题，未言及“录制”的情况，但从行文中关于独创性的要求以及其

---

① 文中王自强司长的观点是体育赛事节目应该是电影作品还是录像制品，这其实是一个事实判断问题，言外之意是肯定了录像制品这一制度。但在由国家版权局政策法制司起草的《著作权法》（修改草案）中，已将“录像制品”的相关规定删除。

一贯的学术观点来看，王迁教授不但反对在著作权法中取消录像制品，还主张应该增加其他邻接权客体类型。①

3. 本书意见

整体上，笔者更倾向于王迁教授的观点，所不同的是，笔者认为：体育赛事节目直播或录制过程中，即使是在直播规律和制作规范的指引下进行的画面选择和切换，也应被认定为满足独创性的要求，从而形成的体育赛事节目应当被作为视听作品予以保护。

首先，笔者认为体育赛事节目转播规律和操作规范等并不影响赛事节目独创性的判断。因为，从某种程度上而言，任何一个成熟的产业，包括文化产业，其产品的制作生产都有一定的规范标准和制作惯例。如今，标准化制作已不仅仅涉及体育赛事节目制作，许多电视和网络综艺节目的制作都实现了规范化操作，各家电视台都频频引进所谓的“制作宝典”，这事实上就是标准化制作在综艺节目上的体现。奥运会标准化方案中提到了“motion and emotion”（运动与激情），运动是对体育比赛的完整表现，激情是体现其内在联系和逐步深入。此外，奥运会还有一个不容越位的原则，即平等、公正。公共信号制作方必须公正、平等地客观表现体育比赛的各个竞赛方，比如观众镜头规定时长以及竞技双方各自国家观众镜头的分配，要出现观众镜头则双方国家的观众镜头都要出现。例如，中国男子篮球职业联赛 CBA14 –15 赛季公共信号制作标准中提出了“在拍实、拍对的基础上，使画面切换更符合逻辑，利用技术

① 王迁：《著作权法》，中国人民大学出版社，2015，第 302 页。

统计数据推动比赛进程讲故事”的基本原则，特别强调了“讲故事”和展现“情绪”。“讲故事”就是要以叙事手法把赛场上发生的实况通过画面切换、慢动作、字幕等具体创作手段表现出来，挖掘其内在联系，并运用“情绪”镜头（教练、球员、观众的情绪）使其得到升华。①在笔者看来，以上类似的所谓操作规范和转播规律，就相当于其他艺术作品的创作技法一样，就像某人通过学习掌握了绘画的构图、色彩运用和光线明暗的对比技法后，运用上述技法创作出来的画作应被认作美术作品一样，体育赛事节目即使是体育赛事制作者根据所谓的转播技术规范制作出来的也理应被看作是作品，其独创性不应因所谓的操作规范或转播规律而有所减损。因此，笔者观点是体育赛事节目转播规律和操作规范等并不影响赛事节目独创性的判断。

其次，笔者认为对实景记录式地拍摄所形成的实况录像（realistic sequence of images），其独创性主要体现在影像镜头的选择和剪切方面。如前所述，从来引发问题和争议的都不是概念的核心部分，而是边缘部分。就视听作品而言，电影、电视剧等的独创性以及著作权客体定位已无争议，现在引发最大争议的电视新闻、体育赛事节目等没有戏剧性的、非虚构的实景记录式地拍摄形成的视听产品的独创性判定以及版权客体定性问题。有学者比照欧盟法院关于 Painer 案的判决，② 认为对

---

① 李生平：《电视 CBA 转播公共信号标准化制作的实践》，《现代电视技术》2016 年第 4 期。

② Case C145/10 Eva-Maria Painer v. Standard Verlags GmbH et al. , 1 December 2011（Painer），在该案中，欧盟法院认为，对静态物体拍照仍然有自由创作的空间（free and creative choices），体现在拍摄者可以选择拍摄背景，选择拍摄的角度，选择何时按下快门拍照。

体育赛事进行录制同样也留给了录制者自由且有创意的选择的空间，从而体现出作者的独特个性。比如，摄制者可以选择拍摄背景和光线，并根据背景和光线调整“白平衡”；可以决定在哪里放置摄像头，并用摄像头捕捉精彩瞬间，而不仅仅是“跟着球走”（follow the ball）；摄制者可以在多个不同角度拍摄的镜头之间进行选择和切换，并配上必要的解说和动画，并认为这是最能体现独创性的部分。①但笔者认为，在实况拍摄的情况下，所谓的选择背景和光线以及选择摄像机安放位置只是创作前的准备阶段，拍摄过程中无论是“跟着球走”还是捕捉瞬间，其实质都是在“记录”，所获得的都只是作为素材的单个镜头，如果要在著作权客体上对其定性，笔者认为应作为录像制品。对体育赛事节目制作和转播而言，真正的创作性体现在镜头的选择和切换，以及统计数据、慢镜头和动画的插入上，最终形成的体育赛事节目，应该被定性为视听作品。或许有人会提出质疑，菜鸟导播或蹩脚的制作人制作的赛事节目质量很差，难谓有何独创性。但笔者认为，即使如此，仍不能否认其所制作的赛事节目的视听作品属性，就像不能否认小学生作文习作或幼儿涂鸦的作品属性一样。

总之，笔者认为对实况记录性的拍摄，如体育赛事节目制作和转播，电视新闻节目的制作等，其独创性主要体现在镜头的选择、剪切和组合上，对于未经剪辑的镜头素材，其性质都是记录

---

① Margoni, Thomas, *The Protection of Sports Events in the EU: Property, Intellectual Property, Unfair Competition and Special Forms of Protection* (August 29, 2015). Available at SSRN: https://ssrn.com/abstract = 2652991 or http://dx.doi.org/10.2139/ssrn.2652991.

性的，应认定为录像制品；而对于镜头选择、剪接和组合后所形成的体育赛事节目或电视新闻节目，应被认定为视听作品。

4. 其他可选的保护方案

在通过分析体育赛事节目独创性，认定其视听作品或录像制品属性从而适用狭义著作权或邻接权中的录像制品制度进行保护的思路之外，理论研究以及域外经验还提出了其他的保护体育赛事节目的思路方案，如在广播组织权、反不正当竞争法以及其他相关专门法的框架下，为体育赛事节目寻求保护。

（1）广播组织权保护

有学者分析认为，对类似于“凤凰网赛事转播案”等的处理，理想的思路不是费尽周折地对赛事画面的著作权客体属性进行认定，而是通过适用邻接权中的广播组织权进行保护。但是，前提是要通过著作权法修法，将广播组织权中的转播权适用于网络环境。① 目前，世界知识产权组织（WIPO）正在制定《保护广播组织公约》，拟确立一种“以信号为基础的保护方法”，即广播组织权保护的客体是载有节目的信号，而不论其所承载节目本身的属性。②笔者认为，通过广播组织权保护体育赛事节目转播权的思路和建议是可取的，尤其是考虑到以下情形，即在体育赛事节目特别是国际性赛事节目的广播过程中，是由受雇于赛事组织者的专门的节目制作团队来制作具有标准画面和声音内容的赛事节目内容（“标准节目内容”），

---

① 王迁：《论广播组织转播权的扩张——兼评〈著作权法修订草案（送审稿）第42条〉》，《法商研究》2016年第1期。

② SCCR/27/2 REV，*Working Document for a Treaty on the Protection of Broadcasting Organization*，Article 5（b）.

并通过制作团队与赛事组织者之间的合同约定由赛事组织者享有对标准节目内容的权利，同时由赛事组织者授权各媒体向公众提供基于该等标准节目内容形成的赛事节目。在这种情况下，即使某电视台取得了某地域内的独家赛事转播权，但由于其不是赛事节目制作者，因此无论体育赛事节目在版权客体上如何定性，该电视台都不能享有作为制作者的权利，此时能够主张的就是基于节目“信号”的广播组织权。

（2）反不正当竞争法保护

我国《著作权法》第47条赋予了广播组织转播、录制、复制和信息网络传播权，但目前国际主流观点认为，广播组织权所享有的转播权不能适用于网络转播行为。[①] 在此情况下，如果发生互联网站转播电视台享有独家转播权的体育赛事节目，而电视台又不是赛事节目制作者时，电视台将无法依据广播组织权中的转播权主张权利。此时，理想的救济途径是通过反不正当竞争法，尤其是其中的反盗用原则（misappropriation doctrines）获得保护，使享有的赛事转播权免受未经授权的转播和复制。[②]

（3）专门的法律保护

部分国家在其他法律框架下为体育赛事组织者提供更多的权利保护。在意大利，最近通过修订“意大利版权法”的法令规定了一项新的邻接权，并创建了一个名称为“视听体育

---

① 王迁：《论广播组织转播权的扩张——兼评〈著作权法修订草案（送审稿）第42条〉》，《法商研究》2016年第1期。

② Margoni, Thomas, *The Protection of Sports Events in the EU: Property, Intellectual Property, Unfair Competition and Special Forms of Protection* (August 29, 2015). Available at SSRN: https://ssrn.com/abstract=2652991 or http://dx.doi.org/10.2139/ssrn.2652991.

权利”（Audiovisual sports rights），作为新的第78条之四。该条规定“现行法律的规定应适用于2007年7月19日法律确立的视听体育权利”①。此外，法国、匈牙利等国则在本国体育法中对包括赛事组织者和职业联盟等的权利进行了规定。②我国亦有学者主张，应当通过《体育法》的修订，为体育赛事举办者创设具有排他性效果的转播权。③ 2022年4月，全国人大常委会公布《体育法》修订草案（二次审议稿），草案单列“体育产业”一章，其中第50条第2款规定，“未经体育赛事活动组织者等相关权利人许可，不得以营利为目的采集或者传播体育赛事活动现场图片、音视频等信息。”④ 为体育赛事及节目的保护提供了新的路径选择。

三、短视频的法律保护模式

随着移动互联网的发展和智能终端的普及，短视频作为一种新型网络视听产品迅速崛起，在政务和媒体信息传播、文化传承、知识分享、精准扶贫、国际交流中发挥了重要作用，深刻影响了舆论生态和媒体格局，引领着网络视听产业发展变革。短视频产业蓬勃发展的同时，也发生了许多侵权盗版问题，需要在法律制度和理论层面予以回应，确定短视频的著作权保护

---

① Margoni, Thomas, *The Protection of Sports Events in the EU: Property, Intellectual Property, Unfair Competition and Special Forms of Protection* (August 29, 2015).

② 王迁：《论体育赛事现场直播画面的著作权保护——兼评“凤凰网赛事转播案”》，《法律科学（西北政法大学学报）》2016年第1期。

③ 李陶：《体育赛事举办者转播权的私法保护》，《清华法学》2020年第6期。

④ 参见《中华人民共和国体育法（修订草案）》（二次审议稿），http://tyj.yn.gov.cn/upload/202204/22/202204221033060423.PDF。

模式，以激励文化创作、促进产业发展以及保障公众文化自由。

（一）短视频产业发展现状

近年来，在政策、技术和市场的共同推动下，短视频产业发展迅猛，短视频内容专业化、精品化特征日益明显，短视频产业规模不断壮大，商业模式逐渐成熟，并逐步迈向规范化发展轨道。

1. 短视频内容形态更加丰富

短视频内容形态日益丰富，主题宣传类、泛知识类、泛文化类、微短剧、微综艺类等短视频都发展迅速，短视频逐渐变长，以容纳更多知识信息和故事剧情，科技应用落地加速短视频形态创新。（1）主题主线短视频精品不断。2021 年，广电总局组织了“弘扬社会主义核心价值观 共筑中国梦”主题原创视听节目征集活动、网络视听节目精品创作传播工程、季度优秀网络视听作品推选活动等工程项目，推动短视频主题创作持续繁荣，涌现出《习声回响丨总书记的全面小康声音密码》《钟南山》《数说中国扶贫》《劳动人民最光荣》《唐宫夜宴中的国宝》《红色号角》等短视频精品力作。（2）泛知识、泛文化类短视频广受关注。一方面，知识类短视频内容需求旺盛，增长迅猛。《2021 抖音泛知识内容数据报告》显示，过去一年抖音上的泛知识内容增长迅猛，播放量年同比增长达 74%，比例已占平台总播放量的 20%，成为最受用户欢迎的内容之一。[①] 另一方面，文化类短视频获广泛关注，频频出圈。从之

---

① 《2021 抖音泛知识内容数据报告》，https：//lmtw. com/mzw/content/detail/id/206385/keyword_ id/ -1。

前的《如果国宝会说话》短视频火遍全网，到2021年《唐宫夜宴》《洛神水赋》短视频的火爆出圈，文化类短视频成为传承中华传统文化的有效载体。《2021抖音数据报告》显示，抖音短视频平台的国家非遗项目覆盖率达99.42%，相关视频数量同比增长149%，累计播放量同比增长83%。① （3）短视频新形态日渐丰盈。随着5G、AI、VR/AR等新技术应用落地，竖屏视频、沉浸式视频、互动视频等短视频新形态也迎来较大发展。

2. 短视频创作主体日益多元

从主流媒体到短视频平台，从UGC用户到PGC、PUGC主体，再到MCN机构，各类主体全面进入短视频创作和运营领域，短视频创作主体日益多元，优质内容创作动力充沛。（1）主流媒体加速布局短视频。短视频为媒体融合注入了强劲动力，成为媒体融合标配和显性指标，主流媒体全面进入短视频主赛道，通过成立融媒体工作室，发展广电MCN等方式，在短视频内容创作传播、IP孵化等领域进行持续探索，形成了湖南娱乐“Drama TV”、浙江广电“黄金眼MCN”、山东广电Lightning TV、济南广电“鹊华MCN”、无锡广电“锡有MCN”等专注短视频创作运营的知名广电MCN机构。（2）短视频平台内容扶持力度逐步加大，持续推出各类创作扶持计划，激发短视频内容创作生产潜能。例如，抖音继续推出“DOU艺计划”“萌知计划”、快手推出“星海计划—千帆行动”、腾讯微视推出2021MCN“雪球”计划、爱奇艺随刻发布

① 《2021抖音数据报告》，https：//xw. qq. com/cmsid/20220111a0awp600？f = newdc。

“追光计划”、好看视频推出“轻知计划”等，通过流量扶持等多种手段激励优质内容创作，从内容创作、分发、变现多方面深度赋能创作者和合作伙伴。（3）MCN 机构促进短视频内容创作和运营。数据显示，2021 年中国 MCN 机构数达 3.4 万，市场规模已超过 330 亿元，预计到 2023 年中国 MCN 机构数将达 4.7 万，市场规模预计超过 500 亿元。① 在 MCN 机构排行榜前十榜单中，蜂群文化、大禹网络、门牙视频、洋葱集团、二咖传媒、贝壳视频、热度传媒、中广天泽传媒等视听媒体 MCN 机构都将短视频作为核心业务之一。（4）用户参与创作的积极性持续提升。数据显示，短视频用户参与内容创作的比例持续增长至 42.8%，即我国有 3.8 亿短视频用户都参与到短视频内容创作中，这其中近两成用户以获取收益为目的制作发布短视频。② 在快手，25% 的月活跃用户为内容创作者，近三年每年有超过 2000 万创作者获得收入，2021 年第二季度快手创作者的总收入超过百亿。

3. 短视频成为视听产业发展新引擎

短视频产业发展十分活跃，用户和市场规模同步增长，产业发展基础更加厚实，但用户增速逐年放缓，短视频即将进入存量市场时期。短视频电商、内容付费、短视频广告等商业模式日益成熟，产业生态不断优化。（1）短视频用户规模持续扩大，但增速逐年放缓。截至 2021 年 12 月，我国网络视频（含

---

① 艾媒咨询：《2021—2022 年中国 MCN 行业发展研究报告》，https：//www. iimedia. cn/c400/82822. html。

② 中国广视索福瑞媒介研究：《2021 年短视频用户价值研究报告》，http：//www. 199it. com/archives/1332103. html。

短视频）用户规模达9.75亿，其中短视频用户规模为9.34亿，较2020年12月增长6 080万，占网民整体的90.5%。[①] 然而，在经历连续几年的爆发式增长后，短视频用户增速有所放缓，短视频即将迎来存量市场时代。（2）短视频产业规模和市场份额持续增长。根据近年来中国网络视听节目服务协会（CNSA）发布的《中国网络视听发展研究报告》数据，2020年我国泛网络视听产业市场规模达6 009.1亿元，其中短视频产业规模达2 051.3亿，份额占比达34.1%。[②]五年来，泛网络视听产业规模增长6.76倍，短视频产业规模增长108倍，所占份额增长16倍，短视频成为大视听产业发展新引擎。（3）短视频产业模式日益成熟。短视频电商转化率升至七成，变现能力不断提升；短视频内容付费潜力用户占比上升至75%，为短视频内容产业发展提供巨大市场空间；短视频广告市场前景广阔。

4. 短视频行业秩序日益规范

近年来，国家重拳出击整治文娱领域乱象，对包括短视频在内的文娱领域进行专项治理整顿，严抓版权保护，强化平台主体责任，构筑起短视频健康发展的良性空间。（1）多措并举标本兼治，短视频行业管理取得新成效。广电总局建立了全国网络视听平台信息管理系统，将影响力大、用户规模大的短视频平台优先纳入规范管理；开展违规短视频节目账号和内容专项治理，从2021年10月至12月持续督导抖音、快手等10多家重点短视频平

---

① 中国互联网络信息中心：第49次《中国互联网络发展状况统计报告》，http://cnnic.cn/hlwfzyj/hlwxzbg/hlwtjbg/202202/P020220311493378715650.pdf。

② 中国网络视听节目服务协会：《2021中国网络视听发展研究报告》，http://www.cnsa.cn/module/download/down.jsp?i_ID=27774&colID=1589。

台就节目账号进行自查自纠，清理违规账号38.39万个，违规短视频节目102.40万条，一大批“伪正能量”节目、借“网红儿童”牟利账号、“低级红、高级黑”内容得到清理，违规传播非法视听节目的问题得到有效遏制；指导行业协会修订网络短视频内容审核标准细则，制定出台有关互联网电视短视频业务管理的政策。（2）出重拳亮利剑，短视频版权治理取得新进展。国家版权局联合有关部门连续开展了打击网络侵权盗版“剑网”专项行动，已连续三年将短视频版权专项整治纳入“剑网”专项重点任务。据国家版权局官网消息，“剑网2021”专项行动开展以来，各级版权执法监管部门查办网络侵权案件445件，关闭侵权盗版网站（App）245个，处置删除侵权盗版链接61.83万条，推动相关网络服务商清理各类侵权链接846.75万条，主要短视频平台清理涉东京奥运会赛事节目短视频侵权链接8.04万条。①（3）强化平台责任，突出技术措施应用。优化青少年模式，从权限管理、时间管理、内容管理、消费管理等维度全方位构建未成年人防护体系；升级防沉迷系统，上线“划不走”等功能；改善算法推荐技术，加强正向内容的算法推荐和弹窗推送，促进算法应用向上向善。

（二）短视频著作权保护的实践问题

短视频产业蓬勃发展的同时，也产生大量侵权问题，引发相应的司法诉讼，如抖音短视频诉伙拍小视频纠纷案、快手公司诉华多公司案等。短视频的法律保护主要涉及著作权保护问

---

① 《“剑网2021”专项行动取得阶段性成效》，https：//www.ncac.gov.cn/chinacopyright/contents/12227/355096.shtml。

题，但我国理论和司法实践中对如何保护短视频著作权仍有不少分歧，主要集中在短视频作为视听作品的独创性认定，以及录像制品的适用空间上。

1. 短视频独创性的认定

独创性认定是短视频获得著作权保护的前提，目前理论和实务界的主流观点是应坚持“最低限度的独创性”标准。例如，在“抖音诉伙拍小视频”侵害作品信息网络传播权纠纷案中，法院认为鉴于短视频的创作和传播有助于公众的多元化表达和文化的繁荣，因此在判断短视频独创性时，对创作高度要求不宜过高，只要短视频能体现出创作者的个性化表达，即可认定其独创性。①主审此案的北京互联网法院院长张雯法官等在撰文时也主张，对因时长较短致使创作空间受限的短视频而言，只要有“一点火花”就可以认定为作品，这里的“一点火花”指的是可识别的差异性，即个性化。如果定的标准过高，可能短视频行业除了制品外就没有作品了。②在快手诉华多公司“PPAP”一案中，法院明确提出只要作品是作者独立创作完成，且体现出一定程度的安排、取舍、设计等个性化选择，即满足独创性要求，且这种独创性是“最低限度的独创性”。③这两个有关短视频的判决，得到了学界和实务部门的

① 参见北京微播视界诉百度在线侵害作品信息网络传播权纠纷案北京互联网法院（2018）京 0491 民初 1 号民事判决书。

② 张雯、朱阁：《侵害短视频著作权案件的审理思路和主要问题——以“抖音短视频”诉“伙拍小视频”侵害作品信息网络传播权纠纷一案为例》，《法律适用》2019 年第 6 期。

③ 北京快手公司诉广州华多公司著作权权属、侵权纠纷案北京市海淀区人民法院（2017）京 0108 民初 49079 号民事判决书。

高度肯定。例如，中央广播电视总台央视版权和法律事务室副主任严波博士评价道：上述判决对短视频作品性质的认定有效回应了当前法律界对作品应具有“较高独创性标准”的观点，对短视频的产业发展具有十分积极的意义。①李琛教授在批评“视听作品需有较高独创性”的观点和判决后，也积极肯定了上述两个判决。②

但仍有观点认为短视频应达到一定的“创作高度”，才能被认定为视听作品。例如，有学者认为短视频因其依托平台制作，具有制作简单、门槛低的优势，基于平衡权利人和社会公众利益的考虑，在判断短视频的独创性时，应采取不宜过宽的判断标准，短视频必须具备一定的创作高度。③ 还有学者认为，基于我国著作权法立法模式，短视频要成为视听作品需具有一定的“创作高度”，独创性要高于其他作品。“创作高度”的要求有利于提升短视频整体质量。④

对上述类似观点，笔者难以苟同。作为一种新兴媒介，短视频本身具有强烈的话题互动和社交传播特性，它将用户关系从传统的“生产—分发—接受”的单向关系转变为“转发—评论—点赞”的多向互动关系。⑤ 拍同款、剪同款已成为朋友

---

① 严波：《短视频的法律性质和版权保护》，载《中国微电影短视频发展报告（2019）》，中国广播影视出版社，2020。

② 李琛：《短视频产业著作权问题的制度回应》，《出版发行研究》2019 年第 4 期。

③ 孙飞、张静：《短视频著作权保护问题研究》，《电子知识产权》2018 年第 5 期。

④ 孙山：《短视频的独创性与著作权法保护的路径》，《知识产权》2019 年第 4 期。

⑤ 常江：《短视频新闻：从事实导向到体验导向》，《青年记者》2017 年 7 月下。

之间互动交流的一种方式。例如，在新冠病毒防疫期间，抖音平台推出互动话题“洗手舞接力赛”，用户可点击参与，按照“内外夹弓大立腕”七步洗手法的步骤和动作，以及给定的背景音乐，拍摄同款洗手舞，并可艾特好友参与互动。虽然洗手舞背景音乐、步骤、动作都相同，但这并不妨碍用户基于这些素材创作出各具特色的短视频洗手舞作品。只要体现出作者个性化的安排和设计，短视频就可被认定为视听作品。

事实上，目前国内理论和实务界的主流观点也认为，基于既有给定素材创作出的短视频并不影响独创性判断，短视频的独创性主要体现在个性化编排、选择和特效应用上。例如，在北京快手公司诉广州华多公司著作权权属、侵权纠纷案中，法院认为涉案的“PPAP”短视频虽是在已有素材的基础上进行创作，但其特效场景搭建、动作重影、地裂式退出等，无不体现创作者的个性安排和设计，与其他用户的短视频完全不同，构成独创性表达。①在“抖音诉伙拍小视频”侵害作品信息网络传播权纠纷案中，法院仍持相同观点，认为涉案“我想对你说”短视频虽是在党媒平台给定的素材基础上创作的，但其编排和选择与其他用户的短视频完全不同，体现了作者的个性化表达。

2. 录像制品的适用空间

关于短视频的著作权保护方案，目前仍有不同意见。有的主张统一适用视听作品的保护规则，有的主张分别适用视听作

① 北京快手公司诉广州华多公司著作权权属、侵权纠纷案北京市海淀区人民法院（2017）京0108民初49079号民事判决书。

品和录像制品的规则。例如，李琛教授认为独创性只可定性，不能定量。独创性只能判断其有无，却无法判断其高低。我国著作权立法移植录像制品概念及相关制度是一个不妥当的例子，司法实践中法官应对录像制品条款作冷处理。①卢海君教授认为，创作本无高低，从创作高度角度对短视频进行类型化并不可取，应在短视频相关司法裁判中，对短视频作品提供一体化、扁平化和普惠化的保护。②与上述学者观点不同的是，法官大多持有谨慎态度，仍在现有著作权法关于视听作品和录像制品两分的制度框架内寻求短视频的保护方案。例如，北京快手公司诉广州华多公司著作权权属、侵权纠纷一案的主审法官张璇认为，在短视频不构成作品的情形下，可以构成录像制品。如主播直播的录像、随手分享型的短视频等，这些短视频均未体现制作者的取舍、选择、安排或设计，通常情况下难以认定为视听作品。③“抖音诉伙拍小视频”侵害作品信息网络传播权纠纷案主审法官张雯认为，“我想对你说”短视频是由一系列有伴音的连续画面组成，符合我国著作权法中关于类电作品或是录像制品的形式要件。作品作为著作权的客体，制品作为邻接权的客体，两者享有的权项及受保护的程度均是不可相提并论的。④

---

① 李琛：《短视频产业著作权问题的制度回应》，《出版发行研究》2019 年第 4 期。

② 卢海君：《短视频的〈著作权法〉地位》，《中国出版》2019 年第 5 期。

③ 张璇：《议涉短视频知识产权民事侵权纠纷的若干法律问题》，《出版发行研究》2019 年第 4 期。

④ 张雯、朱阁：《知产案评——视频虽短 体现出个性化表达的就是作品》，https：//mp. weixin. qq. com/s/0Pf7Roe6gDI0XsQZ4CbyQg。

综上，目前国内理论和司法界的主流观点是短视频虽短，但仍能满足独创性要求，可以作为视听作品进行著作权保护。所不同的是，司法实践一直谨守着作品与制品两分的逻辑和制度，法官也主张在短视频不构成作品的情况下，可适用录像制品对其进行保护；而理论研究上，学者的观点相对就比较激进，如有学者明确提出将短视频统一作为视听作品保护，亦有学者批评我国著作权法移植录像制品条款本身就是一个错误，主张要对录像制品条款作“冷处理”。

（三）短视频的著作权保护路径

为解决短视频著作权保护的实践问题，寻求短视频保护的合理路径，本文主张一方面要从视听作品创作过程中所体现的特性入手，重构视听作品的独创性判断标准；另一方面要以独创性为分类标准，对短视频进行视听作品的著作权保护或录像制品的邻接权保护。

1. 视听作品独创性标准的重构

独创性是作品受著作权保护的实质要件。有学者提出短视频的独创性可体现在素材选择、拍摄素材的方式方法以及画面剪辑编排三个方面。①笔者认为，作为一种新型视听产品，短视频的独创性主要体现在镜头的拍摄、剪辑以及后期制作过程中。

有专家认为短视频中是否有镜头切换只是摄制技巧的区别，不影响短视频属性的认定。对此，本文认为短视频的独创性体现在镜头拍摄、剪辑以及后期制作等各个方面，本文讨论

① 周灿：《短视频作品独创性判断标准论》，《中国出版》2019年第24期。

的“PPAP”“5·12 我想对你说”两个短视频，虽无镜头切换，但在镜头拍摄，尤其是后期视觉特效方面体现了足够的创作因素，因此满足独创性要求，可以作为视听作品进行保护。对电影、电视剧等典型的视听作品，其独创性更无须赘言。本文提出的以镜头剪辑作为核心要素判断视听作品独创性，主要是针对实践中引发争议较多的实况录像类、纪实类、非戏剧性的视听作品，如体育赛事节目、电视新闻节目等。同样，对实况录像类的短视频，如手机拍摄并随手分享的短视频，若无镜头剪辑，则属于录像制品；若经过剪辑和编排，则是视听作品。

2. 短视频著作权保护路径选择

短视频产业的高质量可持续发展需要著作权法律制度保障。当前，在政策、技术和市场的共同驱动下，短视频迎来蓬勃发展，专业化、产业化、规范化的趋势不断强化。短视频不再仅仅是个体用户生成内容（UGC），越来越多的专业内容生产者和网络平台将目光投向短视频领域，不断深耕知识、教育、文化、音乐、美食、体育、游戏等垂直领域，进行短视频精品内容创作，探索商业模式，并逐步实现盈利。2021 年 12 月，我国短视频用户数为 9.34 亿，占网民整体的 90.5%，产业规模达 2 051.3 亿，份额占比达 34.1，展现巨大的市场潜力。在产业化发展的同时，短视频行业也面临内容管理和侵权盗版等问题，如擅自改编、剪拼视听节目及作品会侵犯作者、表演者、广播组织的相关合法权利，[①] 为此相关部门已出台多

① 李陶：《剪拼改编类微电影短视频的版权问题研究》，载《中国微电影短视频发展报告（2018）》，社科文献出版社，2019，第 112—123 页。

个管理规定，并开展了强有力的短视频专项执法；行业协会也制定了短视频平台管理规范和内容审核标准，技术系统和措施也全面启用。此时，也急需在著作权理论和制度上厘清相关问题，为短视频的著作权确权、授权使用和打击侵权盗版提供支持，以保障短视频产业的高质量可持续发展。

然而著作权是私权，法律保护私权不是根本目的，目的是通过私权保护实现“鼓励作品创作和传播，促进文化发展和繁荣”，这也是著作权法的立法宗旨。因此，独创性的判断以及著作权（邻接权）的设定必须经过法政策的价值考量，短视频也不例外。在我国现有著作权法理论和制度框架内，以独创性为标准分别适用视听作品和录像制品对短视频进行分类保护具有一定的正当性。第一，独创性是区分视听作品和录像制品的标准，同时也是影响划定私权范围和公有领域的界线的决定指标之一。独创性标准越低，视频资料划入视听作品的保护范围的就越多，相应地落入录像制品保护范畴的也就越少；独创性标准越高，纳入视听作品保护范围的视频资料就将减少，进入录像制品保护领域的会相应增加。就保护路径选择而言，两种保护模式具有不同的价值基础和立法目标。但论其实质，保障权利人相应经济求偿的功能却是相同的。第二，录像制品是邻接权的客体之一，邻接权是在狭义著作权之外一种比较灵活的制度安排，旨在对科学、文化、艺术领域的劳动、投资进行保护，国家可以从具体产业发展的制度需求出发，在保护权利人财产权利的同时，运用法定许可、获酬权、保护期等立法技术和制度安排对邻接权作必要限制，从而划定在文化创新过程中，私权领地和公有领域的范围。[①] 具体到短视频的著作权保护，因其类型多样，创作方式不一，在确定其保护模式时，应兼顾私权保护与文化发展双重价值。

这也是我国司法政策追求的目标。2018 年 7 月 9 日，在第四次全国法院知识产权审判工作会议上，最高人民法院副院长陶凯元发表讲话，强调“特定客体是否属于法定作品类型仍会因独创性标准的弹性而具有一定解释空间。要妥善运用著作权权利的兜底性规定和独创性裁量标准，对于确有保护必要、有利于产业发展的客体或者客体使用方式，可以根据最相类似的作品类型或者运用兜底性权利给予保护，保护新兴产业发展壮大”[②]。“抖音诉伙拍小视频”案是北京互联网法院成立后审理的第一个案例，引起各界的广泛关注，并成功入选 2018 年度“中国十大传媒法事例”和 2018 年中国法院十大知识产权案件。最高人民法院在评论该案的典型意义时强调，本案充分贯彻合理确定不同领域知识产权的保护范围和保护强度的司法政策，根据著作权关于文学艺术类作品在作品特性、创作空间等方面的特点，充分考虑“互联网 +”背景下创新的需求和特点，合理确定了本案短视频节目独创性的尺度，正确划分了著作权范围与公共领域的界限，充分实现了保护知识产权与促进创新、推动产业发展和谐统一。[③]

---

① 贺涛：《融媒体时代电视新闻的著作权保护——兼评“取消录像制品”的观点》，《知识产权》2017 年第 3 期。

② 转引自张雯、朱阁：《侵害短视频著作权案件的审理思路和主要问题——以“抖音短视频”诉“伙拍小视频”侵害作品信息网络传播权纠纷一案为例》，《法律适用》2019 年第 6 期。

③ 参见最高人民法院办公厅《关于印发 2018 年中国法院 10 大知识产权案件和 50 件典型知识产权案例的通知》（法办〔2019〕113 号），中国法院网，https://www.chinacourt.org/law/detail/2019/04/id/149897.shtml（2020 年 3 月 10 日最后访问）。

四、网络游戏画面的法律保护模式

（一）网络游戏画面的著作权问题及其界定

近年来，网络游戏产业不断发展繁荣，数据显示2021年我国游戏市场的产业规模已经达到2 965.13亿元，较2020年增长了178.26亿元，同比增长6.40%，游戏产业整体保持稳中向好、稳中有升的良好态势。① 2021年我国游戏产业呈现出加速融合发展的趋势，以知识产权为要素和媒介，游戏产业与直播、短视频等其他文娱产业实现了跨界联动，融合创新产品形式日益多样。网络游戏产业的创新发展，给行业管理和市场监管提出挑战，违法和不正当竞争现象也时有发生，侵权诉讼一直不断。近年来，比较有代表性的司法案例有：Nexon holdings株式会社等诉腾讯科技（深圳）有限公司等侵犯著作权、反不正当竞争案；② 北京乐动卓越公司诉北京昆仑乐享网络公司案；③ 暴雪娱乐公司、上海网之易网络公司诉上海游易网络科技公司案④等，而2015年的上海耀宇文化传媒有限公司诉广州斗鱼网络科技有限公司案则被称为“中国游戏直播行业版权第一案”，该案于2017年1月7日入选最高人民法院发布的“2016年度人民法院十大民事行政案件”，足见该案所具有的重大社会影响力，以及审判结果所具有的重大突破和借鉴意义。

---

① 中国音数协游戏工委、中国游戏产业研究院：《2021年中国游戏产业报告》，http://www.gamelook.com.cn/2021/12/465961。

② 参见（2006）京一中民初字第8564号民事判决书。

③ 参见（2014）京知民初字第1号民事判决书。

④ 参见（2014）沪一中民五（知）初字第22号民事判决书。

2020年2月18日，广州互联网法院对腾讯公司诉某文化公司、某网络公司侵犯作品信息网络传播权及不正当竞争纠纷一案作出一审判决，认定《王者荣耀》游戏整体画面构成“类电作品”①，成为国内首次认定多人在线战术竞技游戏（Multiplayer Online Battle Arena，MOBA）类游戏连续画面构成“类电作品”的判决。② 这一判决再次将网络游戏画面的法律保护问题带回学者的研究视野。

据统计，网络游戏画面被认定为视听作品的还有《奇迹MU》《太极熊猫》《昆仑墟》《梦幻西游》等角色扮演类游戏（Role－playing game，RPG），以及第一人称射击类游戏（First－person shooting game ，FPS）《守望先锋》。③ 与之相应的理论观点及论证思路大致是，网络游戏画面满足作品的独创性要求，且其表现形式与视听作品相似，因此可作为视听作品保护。④与此同时，理论和实践中仍有反对适用视听作品的主张。其代表性观点认为网络游戏画面与视听作品在传播方式、

① “类电作品”是著作权法第三条第六项“以类似摄制电影的方法创作的作品”的简称。为行文方便，除直接引用外，本文统一采用视听作品的表述。

② 姜旭：《〈王者荣耀〉引发“类电作品”之争》，《中国知识产权报》2020年2月26日第6版。

③ 李玲、张昌倩：《国内首例〈王者荣耀〉短视频侵权判决，对游戏圈意味着什么?》，https：//mp. weixin. qq. com/s/rtk0mblWnAGVO4Cx74dtNg。

④ 王迁、袁锋：《论网络游戏整体画面的作品定性》，《中国版权》2016年第4期；储翔：《网络游戏直播著作权保护困境与出路》，《中国出版》2016年12月下第24期；冯晓青：《网络游戏直播画面的作品属性及其相关著作权问题研究》，《知识产权》2017年第1期；李扬：《网络游戏直播中的著作权问题》，《知识产权》2017年第1期；祝建军：《网络游戏直播的著作权问题研究》，《知识产权》2017年第1期；朱艺浩：《网络游戏直播画面的著作权定性及归属规则》，《人大法律评论》2018年卷第3辑 总第28辑。

权利归属和权利限制上的差异远大于共性，因此不宜将游戏画面纳入视听作品范畴。① 还有观点认为游戏整体画面并不构成单独作品，而是游戏（软件）作品的表演。② 亦有观点主张创设一个独立的“电子游戏作品”类型，以促进电子游戏产业的发展繁荣。③

上述观点，无论是视听作品肯定说还是视听作品否定说，都是局限在著作权法视域内寻找问题解决方案，根本上是一种著作权保护路径和模式，存在明显问题与不足。围绕本书的研究主旨，以下将主要聚焦于对网络游戏画面及直播画面的著作权定性问题，不涉及计算机软件部分的讨论。④

（二）争议焦点：网络游戏画面的版权定性

围绕网络游戏画面的版权定性问题国内学术界进行过广泛讨论，《中国出版》杂志和《知识产权》杂志曾分别开辟专栏，发表了一系列学术文章，另有部分学者在其他期刊发表专题文章讨论这一案件。⑤综合来看，学者讨论的核心问题集中在对网络游戏画面的著作权定性问题。许多学者都从网络游戏画面与视听作品在创作过程和表现形式方面的相似性入手进行

---

① 焦和平：《网络游戏在线直播画面的作品属性再研究》，《当代法学》2018 年第 5 期。

② 刘银良：《网络游戏直播的法律关系解析》，《知识产权》2020 年第 3 期。

③ 邱治淼：《科学统筹作品分类 适时助推产业发展》，《中国新闻出版广电报》2020 年 9 月 3 日第 007 版。

④ 现代网络游戏包括两个部分，即视听部分（如图片、声音和影像）与软件部分。相关研究请参见 See Mr. Andy Ramos，Ms. Laura López，Mr. Anxo Rodríguez，Mr. Tim Meng and Mr. Stan Abrams1，The Legal Status of Video Games：Comparative Analysis in National Approaches，July 29，2013，P10.

⑤ 参见《中国出版》杂志 2016 年 12 月下以及《知识产权》2017 年第 1 期发表的系列专题文章。

分析，认为网络游戏画面应被定性为著作权法上的视听作品。[①] 笔者对此学术观点持不同意见，主要理由如下：

第一，上述观点侧重于独创性角度的分析，却忽视了产业政策层面的价值考量和方法论自觉。大部分学者在分析网络游戏画面的著作权客体定性问题时，都从游戏画面所具有的独创性出发，主张画面组成要素或画面整体具有独创性，且其创作方式和表现形态都与视听作品极为相似，因此应该作为视听作品保护。笔者不否认，网络游戏本身所固有的创作性元素，如声音、图片和视频等，具有独创性，大多都能作为单独作品进行保护，但是对网络游戏最终呈现在屏幕上的整体画面是否应该被认定为视听作品却是值得考虑的。还有学者认为，著作权的立法旨趣是追求文化和表达的多样性，不同于追求标识识别力的商标法和技术先进性的专利法，所以著作权法有关独创性的标准不宜过高。因此主张将网络游戏画面认定为视听作品。[②]诚然，基于固有的声音、图片和视频作品，在玩家操作的过程中最终呈现在电脑屏幕上的游戏画面，能够从多个角度解释出其独创性所在。但是，我们仍应该明白的是，独创性概念更多的是一个政策问题，它与不同的法律传统和社会环境密切相关，当我们在探讨独创性问题时重点并非决定什么是版权

---

① 王迁、袁锋：《论网络游戏整体画面的作品定性》，《中国版权》2016 年第 4 期；冯晓青：《网络游戏直播画面的作品属性及其相关著作权问题研究》，《知识产权》2017 年第 1 期；李扬：《网络游戏直播中的著作权问题》，《知识产权》2017 年第 1 期；祝建军：《网络游戏直播的著作权问题研究》，《知识产权》2017 年第 1 期。

② 李扬：《网络游戏直播中的著作权问题》，《知识产权》2017 年第 1 期；李扬：《知识产权法基本原理Ⅱ——著作权法》，中国社会科学出版社，2013，第 10—11 页。

保护的作品，而是希望什么成为版权保护的作品。①言外之意，独创性应该被视为一种解释性工具，而其背后的依据则是产业发展实际需求。当前，我国的互动娱乐产业刚刚起步，网络游戏所具有的互动性特征虽然较之前媒体形式有了较大的进展，但相对于互动娱乐媒体的未来发展来看，互动性特征远没有完全展现出其魅力。或许现在我们能在既有理论框架内，对玩家的互动性操作为何不影响游戏画面的视听作品属性作出貌似合理的解释，但是面向互动娱乐产业的长远发展来看，这样的解释力或许是有限的。如国外学者所预见的，“近年来，越来越多的玩家创作应用（authorial tools）被嵌入网络视频游戏中，使得玩家的创作者身份日益凸显。这使得网络视频游戏成为版权法领域内一个技术上、理论上和形式上独特的互动媒体类型。”②因此，笔者认为在当前我国网络游戏等互动娱乐产业正在起步和发展阶段，不宜盲目地将网络游戏画面过早在著作权法中进行定性，待互动娱乐产业进一步发展成熟后，再根据其所呈现的技术和形式等方面的特征对其进行法律上的归类，或适用视听作品，或适用特殊保护制度（sui generis）对其进行保护。总之，从产业发展角度来看，现在不宜过早地将网络游戏画面定性为视听作品，当前应主要从行为导向的角度出发，适用反不正当竞争法对网络游戏直播等行为进行规制，因此笔者赞成上述法院关于耀宇公司诉斗鱼公司网络游戏直播案的判决。

---

① Ramon Casas Valles, “The requirement of originality,” *Research Handbook on the Future of EU copyright*, Edward Elgar Publishing, 2009, p. 103.

② Greg Lastowka, *Copyright Law and Video Games: A Brief History of an Interactive Medium* (Draft October 2013).

第二，上述观点仅从网络游戏画面与视听作品的相同之处进行分析，却忽视了游戏画面本身所具有的互动性特征。在耀宇公司诉斗鱼公司的判决中，法院认为涉案游戏赛事画面是选手依游戏规则进行操作而形成的，是比赛实况的直观表现，且比赛具有不确定性，因此游戏赛事画面不构成作品，被诉行为不属于著作权侵权。① 对法院的这一认定结论，学者们多从游戏画面与视听作品相似性的角度提出不同意见，有的学者认为网络游戏整体画面构成电影作品，如王迁教授认为网络游戏在表现效果上，随着玩家的操作，呈现在屏幕上的图片、文字和声音等组合而成“连续动态图像”，从创作角度来看，网络游戏是运用分镜头、特效、动作设计和后期剪辑等，由不同工种相互配合完成，这些都与电影极为相似，因此网络游戏整体画面应作为电影作品进行保护。②也有的学者认为，区分游戏本身已固定的内容和过程中临时呈现的内容，是解决游戏作品归类的理想思路，主张网络游戏画面所呈现的游戏素材及游戏运行过程中这些素材组合形成的结果都属于著作权法中的作品，而网络游戏比赛画面本身是哪种作品以及其归属都是可以再行讨论的问题。③诚然，根据各国立法关于视听作品的通常定义，视听作品是指一系列连续相关图像，而网络游戏画面也体现出这一特征，但在作上述归类时，学者还必须考虑到，视听作品所谓的系列连续相关图像“旨在被显示”（intrinsically intend-

---

① 参见（2015）浦民三（知）初字第191号民事判决书。

② 王迁、袁锋：《论网络游戏整体画面的作品定性》，《中国版权》2016年第4期。

③ 崔国斌：《认真对待游戏著作权》，《知识产权》2016年第2期。

ed to be shown)，但这并非网络游戏的最终目的。相反，网络游戏意在通过运行计算机程序使游戏玩家“玩”在其中。可见，主动参与的网络游戏“玩家”，明显有别于视听作品的“观众”。①就此，还有学者建议在讨论网络视频游戏直播画面的定性同时，可从合理使用制度中的“转换性使用”② 角度出发对传播行为进行规制，认为网络视频游戏直播目的是要展现玩家的技术及战果，并非是为再现网络视频游戏画面自身的美感及所表达的思想，因此应认定为转换性使用，且网络视频游戏直播很少能够代替欣赏游戏直播的用户自己玩游戏的需求，网络视频游戏的市场也是有限的。因此，对网络视频游戏的直播应该认定为转换性合理使用。③ 笔者认为，上述此种观点有待商榷。

第三，将网络游戏画面界定为视听作品，缺乏对其他不同类型网络游戏画面的涵盖性。网络视频游戏是一个复杂的集体创作的产物，它是多个固有元素，例如文学作品、图形、声音、角色和软件所组成的版权作品，这些元素都可以由各自独立的法律制度予以保护。虽然软件部分是每一个网络视频游戏所共有的组成要素，但是软件绝非是一个视频游戏区别于另一

---

① WIPO, *The Legal Status of Video Games: Comparative Analysis in National Approaches*, July 29, 2013, P10, at http://www.wipo.int/export/sites/www/copyright/en/activities/pdf/comparative_ analysis_ on_ video_ games.pdf.

② 转换性使用一般是指对原有作品的使用并非为了替代原作品，其使用富有创造性，以不同于原有作品的方式或目的另外附加了价值，进而创作出了独立于原有作品的新的表达意义及信息，实现了与原有作品正常使用方式不同的新功能。参见王施施：《论“转换性使用”与著作权合理使用制度》，《法制与社会》2016 年 6 月（中）。

③ 王迁：《电子游戏直播的著作权问题研究》，《电子知识产权》2016 年第 2 期。

个视频游戏的最主要的因素，主要的区别因素应该是每个视频游戏所固有的各种视听和文学元素，有些视频游戏可能还包括演员和音乐家的表演。同时，鉴于这是一个不断变化的行业，部分网络视频游戏，特别是那些为社交网络或智能手机开发的简单游戏，如流行的纸牌游戏或泡泡射击游戏等，其所呈现出的游戏画面恐怕难以认定为视听作品，妥当的方式应该是通过其所依着的软件进行保护。

（三）路径选择：著作权保护抑或反不正当竞争保护？

1. 著作权保护与反不正当竞争的关系

知识作为资源，在知识经济时代的价值日益凸显，成为主体取得市场竞争优势的关键性因素。知识产权是当代各国保护无形财产的主要制度，但由于知识产权坚持法定主义，[①] 建立的是一种“窄保护”和“强保护”的制度，存在保护方面的局限性，因此需要反不正当竞争法予以补充保护，如对新型客体（即正在形成中的知识产权客体）给予过渡性保护，对不受专门法保护的作品标题、商品装潢和名称进行相应保护等。相对于知识产权法保护而言，反不正当竞争的保护具有“宽保护”和“弱保护”的特点。[②] 因此，如果说知识产权法（包括著作权法）通过确认知识私有性和社会性之边界，从而为知识资源的保护设置了第一防线，则反不正当竞争法就是作为补充保护机制，在行为法的层面为知识资源的保护构筑起了

---

① 知识产权法定主义是指知识产权的权利种类、权利内容及取得权利的要件、保护期等都需要由制定法予以明确，在制定法的授权之外，任何人不得创设法律之外的知识产权。参见李扬：《知识产权法定主义及其适用——兼与梁慧星、易继明教授商榷》，《法学研究》2006 年第 2 期。

② 郑成思：《知识产权论》，法律出版社，2003，第 264 页。

第二防线。①

从法律适用角度考虑，著作权法与反不正当竞争法之间是特别法与一般法的关系。按照特别法优先于一般法的法律适用原则，在讨论网络视频游戏问题时，应首先在著作权法范畴内，对网络游戏画面是否构成作品或制品等著作权的保护客体进行判断。而判断的标准就是独创性。依循这样的法律适用逻辑，在耀宇公司诉斗鱼公司一案的判决中，法院首先对涉案网络游戏画面进行了判断，结论是不构成著作权法意义上的作品，因此不受著作权法保护。接下来，法院从反不正当竞争角度，认为耀宇公司享有在中国大陆地区的涉案网络游戏的独家转播权，作为同业竞争者的斗鱼公司，在未经允许的情况下的擅自转播行为以及虚假宣传行为，构成不正当竞争，因此判决斗鱼公司赔偿和赔礼道歉的法律责任。应该说，仅从法律适用角度而言，法院的判决思路是正确的。

从价值层面和立法目标角度而言，两者具有相同的立法目标和价值追求。在私法领域讨论知识产权法（包括著作权法）与反不正当竞争法，形式上看两者貌似是不同的制度形式，但有着共同的法律目标，即保护权利人合法权利，促进社会发展进步。其不同之处在于，知识产权法是通过保护知识财产所有人的合法权益、鼓励创新的方式来达到此目标的，反不正当竞争法则是以限制和制止非法竞争行为、维护正常市场竞争秩序的方式来实现上述目的的。②

---

① 谢晓尧：《竞争秩序的道德解读》，法律出版社，2005，第98页。

② 吴汉东：《论反不正当竞争中的知识产权问题》，《现代法学》2013年第1期。

2. “从小做起”（Start small）：反不正当竞争法保护的妥当性

从比较法角度来看，当前各国对网络视频游戏的保护方式选择并未形成统一的意见。世界知识产权组织的一份研究报告显示，在所研究的24个样本国家中，没有一个国家能够清晰地界定并回答应该如何对网络视频游戏进行客体定性的问题。从比较法角度来看，有关网络游戏的著作权客体属性，各个国家和地区版权法的认定多有不同。主要分为三种类型：（1）有些国家和地区，如阿根廷、加拿大、中国、以色列、意大利、俄罗斯联邦、新加坡、西班牙和乌拉圭等，基于对作品本身所具有的特殊性质以及对软件运行的依赖性，倾向于将网络游戏归类为具有图形界面的功能软件。（2）美国、法国、德国、印度、日本、比利时、丹麦、瑞典、巴西、埃及和南非等其他国家和地区则采取了更务实的方法，考虑到了网络视频游戏的复杂性，采取的是“分别归类保护”（distributive classification）的做法，将网络游戏的每个创意元素根据其特定性质的不同给予单独的分类保护，即对网络视频游戏中包含的音乐、图片和视听作品给予分别保护。（3）肯尼亚和韩国等则将网络游戏认定为视听作品，因为他们觉得网络游戏本身所含有的视觉元素从本质上来说是视听作品。但这也并不意味着网络视频游戏中使用的软件不受保护，只是应该主要从保护视听元素的角度保护网络游戏。[①]整体而言，各国都是基于本国的

① Andy Ramos Gil de la Haza, *Video Games: Computer Programs or Creative Works?* WIPO Magazine 4/2014, available in http://www.wipo.int/copyright/en/activities/video_games.html.

著作权法律传统和产业发展的不同阶段和特征，而做出了本国的制度选择，有着各自的法律价值考量。

无论各国的制度选择如何，有一点必须要铭记，即从知识产权保护的历史经验来看，知识产权保护呈现出一种单向度的向上（Upwards）的方向——即朝着强保护的方向迈进，具有不可逆性。一旦高标准的保护方式得以确立，就很难再将其限缩到原有限度内，尤其是当这种保护方式被国际或地区性文件所确认后，就更难更改。最为典型的例子就是关于计算机程序的保护，20 世纪 80 年代，当国际范围内还在讨论计算机程序和软件的最佳保护模式时，欧盟软件指令（91/250 / EEC）却执意将计算机程序置于版权保护之下，而不是选择一种特殊保护模式，一种保护强度相对较弱的模式。之后，在国际层面也采用了同样的方法，在《与贸易有关的知识产权协定》（TRIPS）和《世界版权条约》（WCT）中，计算机程序都被明确承认属于“文字作品”类别。①由此所形成和确立的关于计算机程序保护的国际标准（在 TRIPS 的情况下）对超过 170 个国家和地区具有广泛的拘束力。关于这种保护模式，事后看来或许是一个历史性错误，但是之后的任何试图用关于计算机程序的“专门权利”（sui generis）取代版权保护的企图都必须面对许多的法律和政治问题。正是基于这样的担忧，德国慕尼黑马克斯·普朗克创新和竞争研究所的安妮塔·库教授才提出

① 参见世界贸易组织《与贸易有关的知识产权协定》（TRIPS）第 10（1）条以及《世界版权条约》第 4 条规定。

一种“从小做起”（Starting small）的保护思路。①

因此，对网络游戏直播画面这类新兴的视听产品以及无形财产利益，恰当的保护方式是从反不正当竞争开始，在保护权利人的经济利益，维持正常竞争秩序的同时，也为新权利的生成以及新产业的发展赢得时间和空间。事实上，这也正是被称为网络游戏直播版权纠纷第一案的司法判决中法院所坚持的观点和思路。在耀宇公司诉斗鱼公司案入选“2016 年度人民法院十大民事行政案件”时，作为评委的中国政法大学李曙光教授在点评该案时特别指出：本案的重要价值和意义在于，它为产业更新过渡期内化解版权产业与互联网产业之间的利益冲突提供了一个崭新的解决思路。随着我国互联网产业的发展，产业分工进一步细化，各类信息分享平台从原有版权投资者中分离出来。在不同产业的利益诉求通过立法得到有效解决之前，其间尚有一段过渡期，而反不正当竞争法恰恰是在此过渡期内，兼容并蓄、弥合并促进这两大产业发展的必要工具。就目前来看，著作权法作为保护内容提供者的制度工具并不适合于本案，因为单方面的保护不仅会加剧互联网产业与版权产业之间的矛盾，同时还潜藏着难以掌控的权利滥用风险。但若不对版权产业的利益予以妥善保护，市场的恶性竞争最终会给两个产业都带来严重的损害。上海知识产权法院作出的二审判决认为，斗鱼公司损害了正常的市场竞争秩序。究其实质，两大

---

① Annette Kur, *What to Protect, and How? Unfair Competition, Intellectual Property, or Protection Sur Generis*, Max Planck Institute for Intellectual Property and Competition Law Research pp. 13—12, https://papers.ssrn.com/sol3/papers.cfmabstract_id=2268585.

产业相互之间的关系仍是市场主体之间的竞争关系，在产权难以清晰界定的模糊地带，从市场竞争关系的角度出发对双方利益予以平衡，不失为一种稳妥而有效的处理方案。当然，根本上解决此类问题的关键，仍应通过产权法对各自双方的合法权益予以界分和明确。①

五、小结

本章运用所提出的多元化视听产品法律保护模式，对我国立法和司法实践中的有关热点疑难问题进行了分析，具体分为以下四节：（1）关于电视新闻的法律保护模式问题，笔者建议从视听产品创作的角度将电视新闻划分为“电视新闻节目”和“电视新闻素材”。经镜头剪辑和组合形成的“电视新闻节目”应作为视听作品受狭义著作权法保护；而单镜头的“电视新闻素材”可作为录像制品通过邻接权予以保护。同时，考虑到融媒体时代对电视新闻节目和素材的传播效率的要求，在制度运行层面，提倡通过法定获酬权和著作权集体管理的方式，实现权利人、使用者和公众之间的利益平衡，以最终达到激励文化创新和促进产业发展的立法目标。（2）关于体育赛事节目的法律保护模式问题，本文结合“凤凰网赛事转播案”所引发的有关赛事节目是否属于作品的理论争议，侧重从体育赛事节目创作过程的独创性角度予以分析。本文主张体育赛事节目整体应认定为视听作品，但单个镜头录制的比赛录像则应作为录像制品。同时，建议通过广播组织权、反不正当竞争等

---

① 详见《人民法院报》2017年1月7日第4版。

制度对体育赛事节目进行保护，发挥不同制度的功能和优势。（3）关于短视频的法律保护模式问题，本文通过分析短视频产业勃兴的现状，以及随之而来的侵权诉讼和著作权保护难题，梳理总结出理论和司法界关于短视频著作权保护的难题和争议，主张为寻求短视频保护的合理路径，一方面要从视听作品创作过程中所体现的特性入手，重构视听作品的独创性判断标准；另一方面要以独创性为分类标准，对短视频分别适用视听作品的著作权保护或录像制品的邻接权保护。（4）关于网络游戏画面的法律保护模式问题，本文结合耀宇公司诉斗鱼公司游戏转播著作权和不正当竞争案，对随着视听产业创新发展所产生的新的视听产品在著作权法上的客体定性问题进行研究。通过分析，笔者主张在产业发展的现阶段，虽然网络视频游戏所固有的文字、声音和图像可以单独作为作品进行保护，但就网络视频游戏画面整体而言，其虽与电影等视听产品具有表现形式和制作方法上的相似性，但是网络视频游戏本身所具有的互动性特征使其与传统视听产品相比体现出本质区别，对这种新的视听产品，目前不宜盲目地认定为视听作品，建议先适用反不正当竞争法对不正当竞争行为进行规制，一方面保护权利人的经济利益和市场竞争秩序；另一方面也为新权利的形成和新兴产业的发展赢得时间和空间。

结　论

因技术发展产生了新的视听产品，无法用现有的“电影作品和以类似摄制电影的方法创作的作品”概念予以涵盖，因此我国《著作权法》第三次修订过程中引入了视听作品的概念，取消了对摄制手段的限制。但立法在引入视听作品概念的同时，却取消了录像制品的规定，由此带来新的问题。同时，在法律适用过程中，法院对视听作品、录像制品和反不正当竞争法的适用比较混乱，极不统一。笔者将上述立法和司法中的问题概括为两种单一化的错误倾向，一是片面扩大视听作品概念的适用范围，出现取消录像制品的错误倾向；二是片面扩大著作权法的适用范围，忽视反不正当竞争法等其他法律制度功能的错误倾向。两种错误倾向的共同本质都在于扩张私权保护，忽视产业需求。本文以《视听产品法律保护模式研究》为题，立足于我国视听产业的发展和新兴视听产品的保护，在批判上述两种错误倾向的基础上，提出建立一种多元化的视听产品保护模式，同时发挥狭义著作权、邻接权、反不正当竞争法及其他法律保护模式在保护视听产品上的积极作用，以更好实现私权保护和产业促进的双重立法目标。

除导论和结论部分外，本文共分为五章，前三章是理论铺垫，后两章是理论和制度建构及其具体应用。在前三章，本文对视听产品法律保护模式进行了历史考察、比较研究和法理分析。通过历史考察，寻找以独创性为标准对视听作品和录像制品进行分类保护的历史依据；通过比较研究，进一步明确了我国作者权体系的理论和立法传统，对狭义著作权和邻接权、视听作品和录像制品等概念进行了比较研究；通过法理分析，确立了著作权法实用主义的哲学基础和知识产权法定主义的权利观，并对视听作品的制度移植、继承及现代化问题进行了分析。

多元化视听产品法律保护模式的建构应包括理论基础和制度安排两个方面。首先，坚持狭义著作权和邻接权两分的作者权体系的理论传统，相应的制度安排上则应坚持视听作品和录像制品两分的立法模式，并通过重构视听作品独创性判断标准来明确两者之间的界限，以此来解决体育赛事、电视新闻节目等实况录像式的视听产品的版权客体定性问题。其次，坚持知识产权法定主义权利观，相应的具体制度安排上，应在著作权法客体导向的设权模式之外，发挥反不正当竞争法的积极作用，从行为规制角度对处于边缘区域的新兴视听产品提供保护，避免著作权法范围的扩张。笔者所建构的多元化视听产品法律保护模式的理论框架可用以下“图 5”形象化地予以呈现。

在具体问题的分析方面，本文认为电视新闻、体育赛事节目等非戏剧性的、实况记录性的视听产品，其独创性主要体现在镜头的选择、剪辑和组合上。经镜头选择、剪辑和组合后所形成的体育赛事节目或电视新闻节目，体现出了独创性，应被认定为视听作品，适用狭义著作权进行保护；未经剪辑的镜头素材，其性质都是记录性的，应认定为录像制品，从而适用邻

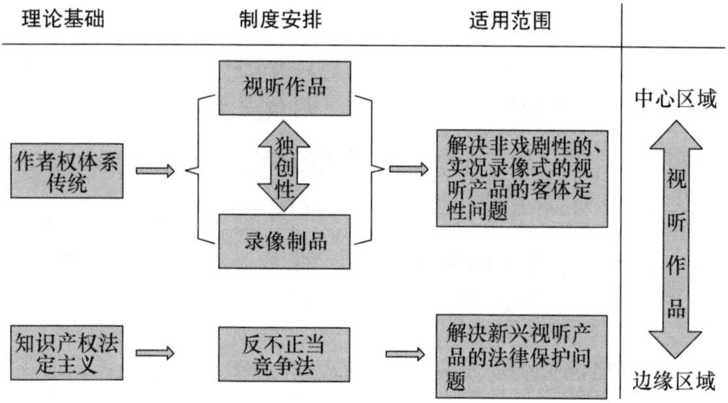

图5　多元化视听产品法律保护模式的理论框架

接权进行保护。同时，对网络游戏画面的法律保护模式问题，本文认为目前不宜盲目地将网络游戏视频画面认定为视听作品，建议先适用反不正当竞争法对不正当竞争行为进行规制，在保护权利人的经济利益和市场竞争秩序的同时，为新权利的形成和新兴产业的发展赢得时间和空间。

笔者认为，通过这样的理论建构和制度安排，一方面能够使视听作品的核心概念保持基本的稳定性，避免司法实践中因标准不清而一味地降低独创性判断标准，导致将原本属于邻接权客体范畴的对象纳入视听作品范畴而给予私权过高保护，从而影响法的稳定性和可预见性；另一方面，也能为伴随视听产业发展而产生的新兴视听类产品提供适当的保护，使视听产品的法律保护理论和制度能够面向我国视听产业实践保持适当的开放性和包容性，实现私权保护和产业促进的双重目标。正如国外学者研究所指出的，中心区域仍然完整未变，传统的模式仍然发挥着实质作用，但重点已转向边缘，原来的边缘区域逐步成长并发生变化，容纳一些具有较高经济与社会价值的创作，这种创作构成新兴产业的成本，需要对所进行的投资给予保护。① 这样，也能很好地回应题记提到的“法律必须是稳定的，但不可一成不变”，从而在法的不变与变、稳定性和妥当性之间实现平衡。

① Ramon Casas Vallés, "The requirement of originality," *Research Handbook on the Future of EU Copyright*, Edited by Estelle Derclaye, Edward Elgar, 2009, p. 107.

参考文献

（一）中文著作

［1］吴汉东.《知识产权法总论》(第三版). 中国人民大学出版社，2013.

［2］吴汉东.《无形财产权基本问题研究（第三版)》. 中国人民大学出版社，2013.

［3］吴汉东.《著作权合理使用制度研究》(第三版). 中国人民大学出版社，2013.

［4］吴汉东.《我为知识产权事业鼓与呼》. 中国人民大学出版社，2014.

［5］威廉·M. 兰德斯，理查德·A. 波斯纳.《知识产权法的经济结构》(中译本第二版). 金海军，译. 北京大学出版社，2016.

［6］威廉·费舍尔.《说话算数：技术、法律以及娱乐的未来》. 李旭，译. 上海三联书店，2008.

［7］布拉德·谢尔曼，莱昂内尔·本特利.《现代知识产权法的演进·英国的历程（1760—1911）（重排本)》. 北京大学出版社，2012.

［8］米哈伊·菲切尔.《版权法与因特网》. 郭寿康，等译. 中国大百科全书出版社，2009.

［9］雷炳德.《著作权法》. 张恩民，译. 法律出版

社，2005.

[10] 让－皮埃尔·让科拉.《法国电影简史》(第二版).巫明明，译. 中国电影出版社，2014.

[11] 喻国明，丁汉青，支庭荣，陈端.《传媒经济学教程》. 中国人民大学出版社，2009.

[12] 陈炎.《好莱坞模式：美国电影产业研究》(第二版). 北京联合出版公司，2016.

[13] 彼得·达沃豪斯，约翰·布雷思韦特.《信息封建主义》. 刘雪涛，译. 知识产权出版社，2005.

[14] 彼得·达沃豪斯.《知识财产法哲学》. 周林，译.商务印书馆，2008.

[15] 科斯，等.《财产权利与制度变迁——产权学派与新制度学派译文集》. 刘守英，等译. 上海三联书店，2014.

[16] 德利娅·利普希克.《著作权与邻接权》. 中国对外翻译出版公司，联合国教科文组织，2000.

[17] 威尔伯·施拉姆，威廉·波特.《传播学概论》(第二版). 何道宽，译. 中国人民大学出版社，2010.

[18] 熊琦.《著作权激励机制的法律构造》. 中国人民大学出版社，2011.

[19] 中山信弘.《多媒体与著作权》. 张玉瑞，译. 专利文献出版社，1997.

[20] 王迁.《知识产权法教程》(第三版). 中国人民大学出版社，2011.

[21] 王迁.《国外版权案例翻译 1（中英对照)》. 法律出版社，2013.

［22］王迁.《著作权法》. 中国人民大学出版社，2015.

［23］严波.《现场直播节目版权问题研究》. 法律出版社，2016.

［24］严波.《视听媒体版权实务指南》. 知识产权出版社，2019.

［25］郑友德.《知识产权与公平竞争的博弈——以多维创新为坐标》. 法律出版社，2011.

［26］高富平.《信息财产——数字内容产业的法律基础》. 法律出版社，2009.

［27］谢铭洋.《智慧财产权法》. 元照出版公司，2008.

［28］劳伦斯·莱斯格.《免费文化》. 王师，译. 中信出版社，2009.

［29］大卫·J. 莫泽.《音乐版权》. 权彦敏，曹毅博，译. 西安交通大学出版社，2013.

［30］罗伯特·考特，托马斯·尤伦.《法和经济学》(第五版). 史晋川，董雪兵，等译. 格致出版社，上海三联书店，上海人民出版社，2010.

［31］大卫·波德维尔，克里斯汀·汤普森.《世界电影史》(第二版). 范倍，译. 北京大学出版社，2014.

［32］李琛.《论知识产权法的体系化》. 北京大学出版社，2005.

［33］李琛.《著作权基本理论批判》. 知识产权出版社，2013.

［34］朱理.《著作权的边界——信息社会著作权的限制与例外研究》. 北京大学出版社，2011.

[35]《十二国著作权法》.《十二国著作权法》翻译组，译. 清华大学出版社，2011.

[36] 中国人民大学知识产权教学与研究中心.《知识产权国际条约集成》. 清华大学出版社，2011.

[37] 中央电视台总编室.《世界知名传媒集团版权管理模式研究报告》. 2013.

[38] 田村善之.《日本知识产权法》(第四版). 周超，李雨峰，李希同，译. 知识产权出版社，2011.

[39] 田村善之.《田村善之论知识产权》. 李扬，等译. 中国人民大学出版社，2013.

[40] 卢海君.《版权客体论》(第二版). 知识产权出版社，2014.

[41] 帕斯卡尔·卡米纳.《欧盟电影版权》. 籍之伟，俞剑红，林晓霞，译. 中国电影出版社，2006.

[42] 埃斯特尔·德克雷.《欧盟版权法之未来》. 徐红菊，译. 知识产权出版社，2016.

[43] 苏姗·K. 塞尔.《私权、公法：知识产权的全球化》. 董刚，周超，译. 中国人民大学出版社，2008.

[44] 崔国斌.《著作权法：原理与案例》. 北京大学出版社，2014.

[45]《中国百年著作权法律集成》汇编组.《中国百年著作权法律集成》. 中国人民大学出版社，2010.

[46] 最高人民法院培训班.《著作权法讲座》. 法律出版社，1991.

[47] 山姆·里基森，简·金斯伯格.《国际版权与邻接

权——伯尔尼公约及公约以外的新发展》（第二版）．郭寿康，刘波林，万勇，高凌瀚，余俊，译．中国人民大学出版社，2016.

［48］麦克奎恩．《理解电视》．苗棣，赵长军，李黎丹，译．华夏出版社，2003.

［49］布尔迪厄．《关于电视》．许钧，译．辽宁教育出版社，2000.

［50］尼古拉斯·尼葛洛庞帝．《数字化生存》．胡泳，范海燕，译．海南出版社，1997.

［51］埃德加·博登海默．《法理学　法律哲学与法律方法》．邓正来，译．中国政法大学出版社，2004.

［52］朱景文．《法理学》（第三版）．中国人民大学出版社，2015.

［53］大木雅夫．《比较法》．范愉，译．法律出版社，1999.

［54］哈耶克．《法律、立法与自由》（第一卷）．邓正来，等译．上海三联书店，1997.

［55］凯瑟琳·加洛蒂．《认知心理学》．吴国宏，等译．机械工业出版社，2016.

［56］雷米·富尼耶·朗佐尼．《法国电影——从诞生到现在》．王之光，译．商务印书馆，2009.

［57］理查德·麦克白．《好莱坞电影——美国电影工业发展史》．吴菁，何建平，刘辉，译．华夏出版社，2011.

［58］波兹曼．《娱乐至死·童年的消逝》．章艳，吴燕莛，译．广西师范大学出版社，2009.

［59］勒内·达维德．《当代主要法律体系》．漆竹生，

译. 上海译文出版社，1984.

［60］哈罗德·J. 伯尔曼.《法律与革命——西方法律传统的形成》. 贺卫方，高鸿钧，夏勇，张志铭，译. 中国大百科全书出版社，1993.

［61］江平，沈仁干，等.《中华人民共和国著作权法讲析》(中华人民共和国司法部、国家版权局著作权法培训班教材). 中国国际广播出版社，1991.

［62］郑成思.《知识产权论》. 社会科学文献出版社，2007.

［63］中国版权协会.《版权研究文选》. 商务印书馆，1995.

［64］曲三强.《现代知识产权法》. 北京大学出版社，2009.

［65］陶鑫良，袁真富.《知识产权法总论》. 知识产权出版社，2005.

［66］谢晓尧.《竞争秩序的道德解读》. 法律出版社，2005.

［67］富田彻男.《市场竞争中的知识产权》. 廖正衡，等译. 商务印书馆，2000.

［68］王先林.《知识产权与反垄断法——知识产权滥用的反垄断问题研究》. 法律出版社，2011.

［69］范长军.《德国反不正当竞争法研究》. 法律出版社，2010.

［70］弗诺克·亨宁·博德维希.《全球反不正当竞争法指引》. 黄武双，刘维，陈雅秋，译. 法律出版社，2015.

[71] 黄薇，王雷鸣.《中华人民共和国著作权法导读与释义》. 中国民主法制出版社，2021.

[72] 国务院知识产权战略实施工作部际联席会议办公室.《〈知识产权强国建设纲要（2021—2035）〉辅导读本》. 知识产权出版社，2022.

（二）中文论文

[1] 吴汉东.《知识产权法价值的中国语境解读》.《中国法学》，2013（4）.

[2] 吴汉东.《知识产权的私权和人权属性》.《法学研究》，2003（2）.

[3] 吴汉东.《文化多样性的主权、人权与私权问题分析》.《法学研究》，2007（6）.

[4] 吴汉东.《知识产权的制度风险与法律控制》.《法学研究》，2012（4）.

[5] 吴汉东.《著作权法第三次修改的背景、体例和重点》.《法商研究》，2012（4）.

[6] 吴汉东.《知识产权法的制度创新本质与知识创新目标》.《法学研究》，2014（3）.

[7] 吴汉东.《利弊之间：知识产权制度的政策科学分析》.《法商研究》，2006（5）.

[8] 吴汉东.《论反不正当竞争中的知识产权问题》.《现代法学》，2013（1）.

[9] 熊琦.《著作权的法经济分析范式——兼评知识产权利益平衡理论》.《法制与社会发展》，2011（4）.

[10] 熊琦.《著作权法中投资者视为作者的制度安排》.

《法学》，2010（9）.

［11］熊琦.《互联网产业驱动下的著作权规则变革》.《中国法学》，2013（6）.

［12］王迁.《论视听作品的范围及权利归属》.《中外法学》，2021（3）.

［13］王迁.《“电影作品”的重新定义及其著作权归属与行使规则的完善》.《法学》，2008（4）.

［14］王迁.《〈视听表演北京条约〉视野下著作权法的修订》.《法商研究》，2012（6）.

［15］王迁.《论“法人作品”规定的重构》.《法学论坛》，2007（6）.

［16］王迁.《论体育赛事现场直播画面的著作权保护——兼评“凤凰网赛事转播案”》.《法律科学（西北政法大学学报）》，2016（1）.

［17］王迁.《电子游戏直播的著作权问题研究》.《电子知识产权》，2016（2）.

［18］王迁，袁锋.《论网络游戏整体画面的作品定性》.《中国版权》，2016（4）.

［19］王迁.《论广播组织转播权的扩张——兼评〈著作权法修订草案（送审稿）〉第42条》.《法商研究》，2016（1）.

［20］王迁.《论作品类型法定——兼评“音乐喷泉案”》.《法学评论（双月刊）》，2019（3）.

［21］崔国斌.《知识产权法官造法批判》.《中国法学》，2006（1）.

［22］崔国斌.《认真对待游戏著作权》.《知识产权》.2016（2）.

[23] 梁志文.《作品类型法定缓和化的理据与路径》.《中外法学》, 2021 (3).

[24] 梁志文.《摄影作品的独创性及其版权保护》.《法学》, 2014 (6).

[25] 梁志文.《论版权法上使用者利益的保护》.《法律科学（西北政法大学学报）》, 2013 (6).

[26] 梁志文.《法院发展知识产权法：判例、法律方法和正当性》.《华东政法大学学报》, 2011 (3).

[27] 易继明.《知识产权的观念：类型化及法律适用》.《法学研究》, 2005 (3).

[28] 郑胜利.《论知识产权法定主义》.《中国发展》, 2006 (3).

[29] 李扬.《知识产权法定主义及其适用——兼与梁慧星、易继明教授商榷》.《法学研究》, 2006 (2).

[30] 曹新明.《我国著作权归属模式研究》.《法学》, 2011 (6).

[31] 曹新明.《合作作品法律规定的完善》.《中国法学》, 2012 (3).

[32] 曹新明.《知识产权与公有领域之关系研究》.《法治研究》, 2013 (3).

[33] 章凯业.《版权保护与创作、文化发展的关系》.《法学研究》, 2022 (1).

[34] 曲三强.《论影视作品的法律关系》.《知识产权》, 2010 (3).

[35] 冯晓青.《知识产权法的价值构造：知识产权法利益

平衡机制研究》.《中国法学》，2007（1）.

［36］李琛.《论作品类型化的法律意义》.《知识产权》，2018（8）.

［37］李琛.《知识产权法基础功能之重解》.《知识产权》，2014（7）.

［38］李琛.《质疑知识产权之“人格财产一体性”》.《中国社会科学》，200（2）.

［39］卢海君.《“电影作品”定义之反思与重构》.《知识产权》，2011（6）.

［40］卢海君.《著作权法中不受保护的“时事新闻”》.《政法论坛》，2014.

［41］张玉敏，曹博.《录像制品性质初探》.《清华法学》，2011（1）.

［42］衣庆云.《电影作品著作权立法问题之异见》.《知识产权》，2012（9）.

［43］郑友德，张钦坤，李薇薇，伍春艳.《对〈反不正当竞争法（修订草案送审稿）〉的修改建议》.《知识产权》，2016（6）.

［44］郑友德，胡承浩，万志前.《论反不正当竞争法的保护对象——兼评“公平竞争权”》.《知识产权》，2008（9）.

［45］郑友德，范长军.《反不正当竞争法一般条款具体化研究——兼论〈中华人民共和国反不正当竞争法〉的完善》.《法商研究》，2005（5）.

［46］蒋舸.《论著作权法的“宽进宽出”结构》.《中外法学》，2021（2）.

［47］蒋舸.《反不正当竞争法一般条款的形式功能与实质功能》.《法商研究》.2014（6）.

［48］蒋舸.《关于竞争行为正当性评判泛道德化之反思》.《现代法学》，2013（6）.

［49］杨幸芳，李伟民.《视听作品的定义与分类研究——兼评我国〈著作权法〉第三次修订中“视听作品”的修改》.《中国政法大学学报》，2020（3）.

［50］张伟君.《从“金庸诉江南”案看反不正当竞争法与知识产权法的关系》.《知识产权》，2018（10）.

［51］谭华霖.《知识产品法益保护模式探讨——兼论法益与权利之冲突》.《政治与法律》，2011（7）.

［52］韦之.《论不正当竞争法与知识产权法的关系》.《北京大学学报（哲学社会科学版）》，1999（6）.

［53］谢晓尧.《论反不正当竞争法对知识产权的保护》.《中山大学学报（社会科学版）》，2006（3）.

［54］郑成思.《反不正当竞争：知识产权的附加保护》.《知识产权》，2003（5）.

［55］吴俊.《反不正当竞争法一般条款的司法适用模式》.《法学研究》，2016（2）.

［56］郑胜利.《论知识产权法定主义》.《北大知识产权评论》第2卷.法律出版社，2004.

［57］李陶.《媒体融合背景下报刊出版者权利保护》.《法学》，2016（4）.

［58］李陶.《垄断性著作权集体管理组织的价值基础与监督完善》.《知识产权》，2016（6）.

[59] 李陶.《体育赛事举办者转播权的私法保护》.《清华法学》，2020（6）.

[60] 冯晓青.《网络游戏直播画面的作品属性及其相关著作权问题研究》.《知识产权》，2017（1）.

[61] 李扬.《网络游戏直播中的著作权问题》.《知识产权》，2017（1）.

[62] 祝建军.《网络游戏直播的著作权问题研究》.《知识产权》，2017（1）.

[63] 谢琳.《网络游戏直播的著作权合理使用研究》.《知识产权》，2017（1）.

[64] 赵银雀，余晖.《电子竞技游戏动态画面的可版权性研究》.《知识产权》，2017（1）.

[65] 李静涵，顾银根.《网络游戏直播版权属性、规制及产业发展》.《中国出版》，2016（24）.

[66] 储翔.《网络游戏直播著作权保护困境与出路》.《中国出版》，2016（24）.

[67] 夏佳明.《电子游戏直播中知识产权保护研究》.《电子知识产权》，2016（2）.

[68] 崔智伟.《电子竞技游戏网络直播相关著作权问题研究》.《公民与法》，2016（4）.

[69] 王自强.《体育赛事节目著作权保护问题探讨》.《知识产权》，2015（11）.

[70] 张钦坤，田小军.《体育赛事网络版权生态保护探讨》.《中国版权》，2015（5）.

[71] 徐小奔.《论体育赛事节目独创性之所在——兼评

"新浪诉凤凰网体育赛事转播案"》.《中国版权》，2016（3）.

[72] 祝建军.《体育赛事节目的性质及保护方法》.《知识产权》，2015（11）.

[73] 卢海君.《论体育赛事节目的著作权法地位》.《社会科学》，2015（3）.

[74] 张曦.《东京奥运会体操项目转播视频系统简介》.《现代电视技术》，2022（3）.

[75] 沈岿.《司法解释的"民主化"和最高法院的政治功能》.《中国社会科学》，2008（1）.

[76] 胡云腾，于同志.《案例指导制度若干重大疑难争议问题研究》.《法学研究》，2008（6）.

[77] 王成.《最高法院司法解释效力研究》.《中外法学》，2016（1）.

[78] 陈春龙.《中国司法解释的地位与功能》.《中国法学》，2003（1）.

[79] 陈兴良.《案例指导制度的法理考察》.《法制与社会发展》，2012（3）.

[80] 宋晓.《判例生成与中国案例指导制度》.《法学研究》，2011（4）.

[81] 顾培东.《能动司法若干问题研究》.《中国法学》，2010（4）.

[82] 张志铭.《中国司法的功能形态：能动司法还是积极司法?》.《中国人民大学学报》，2009（6）.

[83] 姚建宗.《新兴权利论纲》.《法制与社会发展》，2010（2）.

[84] 蓝凡.《真实论：蒙太奇与长镜头的历史辩证新论》.《艺术百家》，2013（5）.

[85] 颜纯钧.《蒙太奇美学新探》.《现代传播》，2013（7）.

[86] 李丹.《探析蒙太奇理论对电影实践的指导意义——以爱森斯坦〈蒙太奇在1938〉为例》.《今传媒》，2015（12）.

[87] 喻国明，盛倩玉，李建飞.《VR（虚拟现实）技术的产业化进程：业态模型与发展关键》.《新闻知识》，2016（11）.

[88] 胡开忠.《信息技术发展与广播组织权利保护制度的重塑》.《中国法学》，2007（5）.

[89] 胡开忠.《网络环境下广播组织权的法律保护》.《当代法学》，2010（5）.

（三）英文著作

[1] Pascal Kamina. Film Copyright in the European Union (Second Edition). Cambridge University Press, 2016.

[2] Laddie, Prescott and Vitioria. The Modern Law of Copyright and Designs (Fourth Edition). LexisNexis, 2011.

[3] Cohen, Loren, Okediji, O'rourke. Copyright in a Global Information Economy (Fourth Edition). Wolters Kluwer, 2015.

[4] Robert P. Merges. Justifying Intellectual Property. Harvard University Press, 2011.

[5] Silke von Lewinski and International Contributors. Copyright Throughout the World. Thomson Reuters, 2015.

[6] Melville B. Nimmer & David Nimmer. Nimmer on Copy-

right, Volume 1. LexisNexis, 2016.

[7] Gillian Davies, Nicholas Caddick, Gwilym Harbottle. Copinger and Skone James on Copyright Seventeenth Edition. Sweet & Maxwell, 2016.

[8] J. A. L. Sterling. Intellectual Property Rights in Sound Recordings, Film and Video. Sweet & Maxwell, 1992.

[9] Harold L. Vogel. Entertainment Industry Economics-A Guide For Financial Analysis, (Eighth Edition). Cambridge University Press, 2011.

[10] Estelle Derclaye. Research Handbook on the Future of EU Copyright. Edward Elgar Publishing, 2009.

[11] Dr. Charn-wing Wan. The Political Economy of Digital Copyright in Hong Kong SAR, From a new institutional economics perspective. Lambert Academic Publishing, 2010.

[12] Robert P. Merges. The Concept of Property in The Digital Era [J]. Hous. L. Rev., 2008.

[13] Richard A. Posner. Economic Analysis of Law (6th edition) [M]. New York: Aspen Publishers, 2003.

[14] William Fisher. Promises to Keep: Technology, Law and the Future of Entertainment [M]. California: Stanford University Press, 2004.

[15] Paul Goldstein. Copyright, Patent, Trademark and Related State Doctrines (5th edition), Foundation Press, 2002.

[16] Lawrence Lessig. Free Culture: How Big Media Technology and the Law to Lock Down Culture and Control Creativity.

Penguin Press, 2004.

[17] Paul Goldstein. Copyright's Highway: From Gutenberg to the Celestial Jukebox (revised edition). Stanford University Press, 2003.

[18] Neil Weinstock Netanel. Copyright's Paradox. Oxford University Press, 2008.

[19] Jane C. Ginsburg. The Concept of Authorship in Comparative Copyright Law, for de Paul L. Rev. symposium: "The Many Faces of Authorship".

[20] Julie E. Cohen. Copyright as Property in the Post-Industrial Economy. Wisc. L Rev, 2011.

[21] Neil Weinstock Netanel. Cyberspace 2. 0. Texas Law Review (Vol. 79).

[22] Annette Kur, Thomas Dreier. European Intellectual Property. Edward Elgar Publishing, 2013.

[23] L. Bently & B. Sherman. International Property Law (Fourth Edition). Oxford University Press, 2015.

[24] Mark A. Lemley, Peter S. Menell, and Robert P. Merges. Intellectual Property in the New Technological. Copyrights, Trademarks State IP Protecions, Clause 8 Publishing, 2016.

[25] Marshall A. Leaffer Understanding Copyright Law (6th Edition). LexisNexis, 2014.

[26] Dreier, Hugenholtz. Concise European Copyright Law (2nd Edition). Wolters Kluwer, 2016.

[27] Silke von Lewinski. International Copyright Law and

Policy. Oxford University Press, 2008.

[28] Jon Festinger, Chris Metcalfe, Roch Ripley. Video Game Law (Second Edition). LexisNexis Canada Inc., 2012.

(四) 英文论文及报告

[1] Annette Kur. What to Protect, and How? Unfair Competition, Intellectual Property, or Protection Sur Generis, Max Planck Institute for Intellectual Property and Competition Law Research pp. 13—12, https://papers.ssrn.com/sol3/papers.cfmabstract_ id=2268585.

[2] Ansgar Ohly. The Freedom of Imitation and its Limits-a European Perspective, https://papers.ssrn.com/sol3/papers.cfm?abstract_ id=1523290.

[3] Robert P. Merges. One Hundred Years of Solicitude: Intellectual Property Law, 1900—2000, 88 Cal. L. Rev. 2187 (2000).

[4] Ian Hargreaves. Digital Opportunity: A Review of Intellectual Property and Growth, http://www.ipo.gov.uk/ipreview-finalreport.pdf.

[5] Anne Barron. The Legal Properties of Film. The Modern Law Review, Vol. 67, No. 2 (Mar. 2004), pp. 177—208.

[6] Reto M. Hilty. The Law Against Unfair Competition and Its Interfaces, Law Against Unfair Competition, Volume 1 of the series MPI Studies on Intellectual Propert. Competition and Tax Law pp. 1—52.

[7] European Commission. Green Paper on the online distri-

bution of audiovisual works in the European Union: opportunities and chanllenges towards a digital single market. Brussels, 13. 7. 2011, COM (2011) 427 final.

[8] Alejandro Pardo. Hollywood and the Digital Revolution: New Consumers, New Markets, New Business Modes. Mise au point, 04, 2012.

[9] Mr. Andy Ramos, Ms. Laura López, Mr. Anxo Rodríguez, Mr. Tim Meng and Mr. Stan Abrams1. The Legal Status of Video Games: Comparative Analysis in National Approaches, July 29, 2013.

[10] Thomas Margoni. The Protection of Sports Events in the EU: Property, Intellectual Property, Unfair Competition and Special Forms of Protection, IIC (2016) 47: 386 -417.

[11] Greg Lastowka. Copyright Law and Video Games: A Brief History of an Interactive Medium (Draft October 2013).

[12] Viola Elam. Sporting events as dramatic works in the UK copyright system.

[13] Shyamkrishna Balganesh. Quasi-Property: Like, But Not Quite Property, University of Pennsylvania Law Review, Vol. 160: 1889, 2012.

[14] Shyamkrishna Balganesh. "Hot News": The Enduring Myth of Property in News. Columbia Law Review, Vol. 111 No. 3 2011.

[15] Shyamkrishna Balganesh, Manta, Irina D., and Wilkinson-Ryan, Tess, "Judging Similarity" (2014). Faculty Schol-

arship. pp. 1185.

[16] Lemley, Mark A.. Property, Intellectual Property, and Free Riding. Texas Law Review, Vol. 83, p. 1031, 2005.